*Carole Enz, Michèle Combaz Thyssen*

# *Rabenherz und das Schwert von Glanzenberg*

Carole Enz

Michèle Combaz Thyssen

# Rabenherz

## und das Schwert von Glanzenberg

Sistabooks

**Enz**, *Carole;* **Combaz Thyssen**, *Michèle*
*Rabenherz und das Schwert von Glanzenberg*
*Originalausgabe – 1. Auflage – Horgen 2020*
*Sistabooks GmbH, Churfirstenstr. 5, CH-8810 Horgen*
*Homepage: www.sistabooks.ch*
*(Sistabooks – Fantasy-Roman)*
*ISBN: 978-3-907860-22-9*



*1. Auflage 2020*

*Covergestaltung: Carole Enz*
*Herstellung: Books on Demand GmbH, Norderstedt*

# Inhaltsverzeichnis

*für die wackere Désirée, die so gern mit dem Lichtschwert kämpft, von Mama*

*für die findige Lisa, die selber gerne Geschichten erfindet, von deinem Gotti*

# Prolog

«Liebe Fahrgäste, wir treffen demnächst…» – «… in Zürich ein!», brüllen Margarethe, Seraina und Rudy wie aus einem Mund, doch aus den Lautsprechern heisst es: «… in Glanzenberg ein.» – Die drei Teenager schauen sich verdutzt an. «Zum Geier! Jetzt kommt der Hauptbahnhof Zürich, was redet der für einen glänzenden Schwachsinn», grunzt Rudy. Seraina kichert. Margarethe jedoch kommt ins Grübeln. Das gemeinsame Abenteuer auf der Bechburg und bei den Kelten ist nun schon mehr als zwei Jahre her. Margarethe hat wieder das dumpfe Gefühl, dass gerade jetzt etwas Unerklärliches passiert. Ihr ist ziemlich mulmig zumute, doch Rudy und Seraina sind im Moment noch guten Mutes, dass sich die Situation irgendwie klärt.

«Hey Sie, sorry», wendet sich Rudy an einen Fahrgast im Nebenabteil. Der Geschäftsmann schaut leicht genervt von seinem iFlat auf. Rudy räuspert sich: «Sorry, jetzt kommt doch der HB, oder?» – «Hauptbahnhof, ja, was denn sonst, junger Mann?» – Rudy seufzt erleichtert. Der Geschäftsmann fügt grübelnd hinzu: «Zumindest hoff ich dass es Glanzenberg ist und ich nicht wieder im falschen Zug sitze wie vor einem Monat.» – Überrascht bleibt den drei Teenagern der Mund sperrangelweit offen. «Glanzenberg? Sie auch?», fragt Seraina mit leiser Stimme, «Wo liegt denn das? Wir dachten, wir seien im Intercity nach Zürich.» – Der Geschäftsmann wirkt jetzt etwas genervt, und mit einer gereizten Stimme antwortet er: «Zürech? Zürick? Was soll das sein? Eine Haltestelle? Haltet ihr mich für blöd, oder was?» – Die Teenager schweigen verwirrt.

Margarethe wispert: «Psst, wir gehen in den nächsten Wagen, der hier will uns einen Bären aufbinden.» Und sogleich stehen die drei auf, packen ihre Rucksäcke und entfernen sich in Fahrtrichtung.

Seraina geht auf eine ältere Dame zu, Margarethe fragt einen Bärtigen, und Rudy wendet sich an einen Gleichaltrigen, der seine Baseballkappe verkehrt auf dem Kopf trägt. Die Antworten verschlagen den dreien die Sprache: «Glanzenberg, junges Fräulein», raunt die Seniorin. – «Jetzt kommt Glanzenberg, Hauptbahnhof, gopfertelli nomal», grummelt der Bärtige. – «Ey Mann, kommt Glanzenberg, klar doch, Mann!», ruft der Gleichaltrige aus.

Margarethe, Seraina und Rudy beschliessen, auszusteigen und nach dem Rechten zu sehen. Da stehen sie nun auf dem Perron, in einer fremden Stadt. Zögerlich gehen sie ein paar Schritte. Der Geschäftsmann eilt an ihnen vorbei, ohne sie eines Blickes zu würdigen.

Rudy zückt sein Smartphone. «Ha, wär doch gelacht, wenn mein Smartiefon uns nicht weiterhilft!» Schnell öffnet er die Navigations-App und tippt Zürich ein – «nicht gefunden» heisst es. Rudy tippt Glanzenberg ein, und siehe da, ein roter Punkt erscheint. «Da!», jubelt Rudy, «Da ist der Zürichsee, hey, aber zum Geier, der heisst jetzt Glanzenberger See! Was ist denn da los, zum Kuckuck?»

Margarethe kommt es so unangenehm bekannt vor: Plötzlich ist nichts, wie es einmal war, und niemandem ausser ihr und ihren besten Freunden fällt das auf. Als wären sie durch eine Zeitpforte getreten in ein Paralleluniversum, in welchem andere Gesetzmässigkeiten herrschen. Schockiert ist das Mädchen von der Selbstverständlichkeit, mit denen alle ihre Mitfahrgäste die Ungeheuerlichkeit hinnehmen: Die Stadt Zürich ist verschwunden!

# 1

# Vom Römerkastell zum Kloster

Margarethe, Rudy und Seraina geniessen die Sommerferien. Fast täglich unternehmen sie einen Ausflug miteinander oder gehen schwimmen. Heute haben sie den Basler Zolli besucht, weil es ein Giraffen-Baby zu bestaunen gibt. Alles hat so harmlos angefangen. Nur das Wetter hat nicht gehalten, was die Wetter-App versprochen hat. Zum Glück haben alle je einen Pullover und eine Jacke im Rucksack. Diese können sie nun gut gebrauchen.

Nach dem Zoobesuch eine kleine Runde in Basel – dann ab nach Hause. Im Zug haben sie ein witziges Kartenspiel gespielt. Doch jetzt, im Hauptbahnhof angelangt, ist keinem der Freunde mehr zum Lachen zumute.

Obwohl um sie herum Hunderte von Menschen vorbeieilen, die drei Teenager fühlen sich so einsam wie noch nie in ihrem bisherigen Leben – drei Zürcher ohne Heimat. Und Zürich scheint sich in Luft aufgelöst zu haben. Stattdessen erhebt sich eine andere, prunkvollere Stadt vor jenem Alpenpanorama mit See, das den drei Freunden bestens vertraut ist. Die drei Freunde sehen sich stumm an, ihre Augen aber sprechen Bände – deren Ausdruck reicht von Entsetzen bis Ratlosigkeit. Zumindest etwas Beruhigendes ist am Ganzen: Geografisch und zeitlich gesehen sind sie am richtigen Ort, doch irgendetwas stimmt mit der Stadt nicht. Am schnellsten hat Seraina die Fassung zurückerlangt. Sie, die ihre Eltern verloren hat, kennt das Gefühl des plötzlichen Verlassenseins und kann heute damit umgehen. Während die andern beiden noch im Schockzustand sind, spricht Seraina langsam und ehrfurchtsvoll: «Jemand hat… die Vergangenheit… verändert und Zürich ausgelöscht. Wir müssen es… rückgängig machen.»

Rudy schaut hoch und bemerkt eine Reklame-Tafel. «Glanzenberg Versicherung – immer für Sie da!» steht dort drauf, und ein glückliches Plakat-Gesicht strahlt herab. Und auf einem Kiosk prangen die Schlagzeilen einer Zeitung, die sich «Neue Glanzenberger Zeitung» nennt: Glanzenberg soll Hauptstadt werden. Doch was ist mit Zürich passiert?

Zürich – Turicum: Aus dem Geschichtsunterricht wissen die Teenager, dass auf dem heutigen Lindenhof früher ein römisches Kastell stand. Sie hatten die unterirdischen Mauern mit der Geschichtslehrerin besucht und fanden es unglaublich spannend, in den Untergrund vorzudringen unter dem beliebten Aussichtspunkt und Picknickplatz für Touristen und Einheimische. Die Geschichte der Stadt, die sie bis jetzt unter dem Namen Zürich kannten, reicht zurück in die vorchristliche Zeit. Rudy erinnert sich an eine Geschichtslektion zu diesem Thema: «15 vor Christus unterwarfen Drusus und Tiberius die Räter.» – «Das waren die Stiefsöhne des Kaisers Augustus, nicht wahr?», wirft Seraina ein. «Ja, genau», bestätigt Rudy und fährt fort: «Dann errichteten sie sogenannte Drusus-Kastelle zur Sicherung der Strasse von Gallien an den Bodensee, und dazu gehörte auch der Lindenhof.» Wie beim Ping-Pong-Spiel ist Seraina wieder am Ball: «Und dann entstand die neue Provinz Raetia, und dieser wurden auch die Kelten im Wallis und die Leo- oder wie auch immer die hiessen, glaube Lepontier, angeschlossen. Sie sind gleichzeitig unterworfen worden wie die Räter. Die ganze Schweiz wurde römisch.» – «Ja, man kann sagen, dass 15 v. Chr. die eigentliche Römerzeit in der Schweiz begann», fügt Rudy hinzu. «Es gab ja dann noch die Helvetier und Rauriker, deren Gebiet zur Provinz Gallia Belgica gehörte, später zu Obergermanien.»

Margarethe wird hellwach: «Rauriker? Erinnert ihr euch an unsere Schulreise nach Augusta Raurica, in die wunderbaren Römerruinen, auf denen wir herumgeklettert sind? In dem grossen Theater, das sie wiederaufgebaut haben, fühlt man sich in der Zeit zurückversetzt. Wir konnten sogar durch eine Kloake laufen.» – «Igitt», macht Seraina und rümpft die Nase. «Ich finde Abwasserkanäle nicht so inspirierend.» – «Wir waren in der Primarschule in Vindonissa; das war das Legionslager, das als südöstlicher Eckpfeiler der Rheinlinie strategisch und verkehrsgeographisch hervorragend lag als vorgeschobener Stützpunkt zur Sicherung des Rheinübergangs», führt Rudy aus. – «Du tönst wie ein Geschichtsbuch», lacht Seraina. «Hast du das wortwörtlich auswendig gelernt?» – «Egal», wehrt Rudy errötend ab. «Das tut ja jetzt hier auch nichts zur Sache. Jedenfalls war Turicum in erster Linie eine Zollstation, und damit fing die Geschichte der Stadt Zürich an.»

Margarethe sucht krampfhaft in ihren Erinnerungen, kann aber weder Daten noch Ereignisse abrufen. Sie findet Geschichte im Grunde genommen spannend, aber nur erlebbare Geschichte, nicht lediglich das Auswendiglernen von Jahreszahlen und kriegerischen Ereignissen. «Ich habe mich viel zu wenig mit der Geschichte meiner Heimatstadt befasst», gibt sie zerknirscht zu. – «Ist das wohl jetzt die Strafe dafür: dass Zürich verschwunden ist?», fügt Seraina sarkastisch hinzu. – «Du bist ja Spezialistin darin, an der Zeitmaschine zu drehen, wie die Vergangenheit gezeigt hat», grinst Rudy, «Und du hast immerhin einen Teil der Stadtgeschichte live miterlebt im 16. Jahrhundert. Diese Logenplätze hatten wir nicht.»

Margarethe reagiert ungeduldig, während sie eine Sitzgelegenheit auf dem Bahnsteig sucht: «Also, erstens war das nicht so lustig und entspannt, und zweitens geht es jetzt doch darum, nachzuweisen, dass es Zürich gibt und seit wann. Also seit über 2000 Jahren sicher; meine Mutter erinnert sich noch an die Jubiläumsfeierlichkeiten in den 1980er Jahren. Dabei bezieht man sich aber auf die römische Besiedlung, denn: Die Römer sind die Ersten, die schriftliche Spuren hinterlassen haben.» – «Was aber nicht ausschliesst, dass bereits die Kelten ihre Kultplätze an diesem Ort hatten», gibt Seraina zu bedenken und wischt angeekelt zerknüllte Papiere von der Sitzbank, bevor sie sich darauf niederlässt. – «Ja, schon, aber das lässt sich wie gesagt nicht zuverlässig nachweisen», fällt ihr Rudy eifrig ins Wort und setzt sich beinahe auf einen Kaugummi, bevor ihn Seraina am Ärmel von dem klebrigen Ding wegzieht und bemerkt: «Der hingegen liesse sich auf deiner Hose gut nachweisen. Trotz unserer lebhaften Erfahrungen mit den Kelten haben wir leider wenig Beweise.» – «Was wirklich schade ist, da ich die Kelten viel spannender finde als die Römer», erwidert Margarethe seufzend. – «Und die Glanzenberger sind genau solche Dreckschweine wie die Zürcher!», flucht Seraina, als sie ihre Hand am Rand der Bank abstützt und in einen Kaugummi fasst.

«Die nächste Jahreszahl, die mir in Bezug auf Zürich einfällt, ist im 9. Jahrhundert, aber ich weiss es nicht mehr so genau», gibt Rudy zerknirscht zu und nimmt sein Smartphone zu Hilfe. Dank einer App für Historiker kann er problemlos das Jahr nachschlagen: «853 war es, als die Fraumünsterabtei durch König Ludwig den Deutschen gestiftet wurde.» – «Was war der Ludwig schon wieder für einer?», möchte Margarethe wissen. «Ich dachte, Karl der Grosse sei für die Stadt Zürich so wichtig, darum sitzt er ja auch überlebensgross auf dem Grossmünsterturm.» Sie erinnert sich an die Statue, die die Limmat überblickt, deren Original jedoch in der Krypta der Kirche haust. – «Ja, aber der Kerl, ich meine, der Karl hatte doch auch irgendwie die Finger im Spiel», weiss Rudy. «War der nicht verwandt mit dem Ludwig?» Seine App weiss mehr: «Richtig, der Ludwig war sein Enkel, und der wollte seine Tochter Hildegard ins Kloster stecken und schrieb diese Schenkungsurkunde.»

«Das finde ich voll daneben, dass er seine Tochter einfach einsperren wollte», ereifert sich Seraina. Margarethe, die seit ihrer ersten Erfahrung mit Zeitreisen auch mehr über das Klosterleben weiss, widerspricht: «Im Kloster hatten Frauen Freiräume, konnten Wissen erwerben, Bücher lesen, studieren. Das war für einige sogar eine Befreiung, weil sie sich nicht mit Kinderkriegen und Haushalt herumschlagen mussten. Vielleicht wollte die Hildegard ja lieber im Kloster leben, in Ruhe.» – «Da steht etwas von einem bestehenden Kloster im Dorfe Zürich – in vico Turicum», erfährt Rudy in seiner App. «Damals gab es offenbar bereits ein Kloster, und Zürich war ein Dorf, na so was! Jedenfalls ist die Schenkungsurkunde vom 21. Juli 853 die älteste schriftliche Urkunde der Stadt Zürich.»

«Vielleicht sollten wir ins Landesmuseum gehen und nachsehen; die müsste eigentlich dort sein», schlägt Margarethe vor. – «Aber wenn es Zürich nicht gibt, wie sollen wir dann das Landesmuseum finden?», fragt Seraina nachdenklich.

Die Teenager wählen wie selbstverständlich den flussseitigen Ausgang des Hauptbahnhofs und sehen schon das schlossähnliche Gebäude, welches das Landesmuseum ist. Sie sind überrascht, dass es am gleichen Ort steht, wie gewohnt, obwohl ja die Stadt nicht mehr stimmt. «Seht ihr, da ist ja eine interessante Ausstellung», weist Margarethe die andern beiden auf grosse Plakate am Eingang hin, die alte Ansichten des Lindenhofs zeigen. «Wow, stimmt, da hatte ich mal etwas in der Zeitung gelesen», erinnert sich Rudy. «Sie haben sogar Szenen rekonstruiert, wie es damals ausgesehen haben könnte.»

An der Kasse verlangt eine etwas gestresste Dame fünfzehn Euro Eintritt pro Person. «Euro?», fährt es aus den drei Freunden heraus. – «Was denn sonst?», grummelt die Kassiererin schlecht gelaunt, «Schliesslich wird Glanzenberg bald Hauptstadt von Europa!» – «Geil!», entfährt es Rudy, der die Schweiz gerne im Europäischen Staatenbund sähe. Seraina prustet los: «Hauptstadt von Europa, soll das ein Witz sein? Zürich ist ja nicht mal Hauptstadt der Schweiz…» – Margarethe knufft sie in die Seite und flüstert: «Glanzenberg, nicht Zürich.» – Seraina guckt sie verwirrt an, begreift aber sogleich ihren Fauxpas: «Die Macht der Gewohnheit, sorry.» – «Rudys Eltern wären da aber nicht so begeistert», stellt Margarethe fest, «die sind ja schon immer gegen einen Beitritt der Schweiz zum Euro-Staatenbund gewesen, puh, politisch muss das ganz schön krachen im Gebälk der Familie von Arx!» – Seraina seufzt und fügt hinzu: «Schade, dass Politik sogar eine Familie entzweien kann!» – «Geld kann das auch», grummelt Margarethe und denkt daran zurück, wie es in ihrer Familie kriselte, als ihre Mutter zur Bankdirektorin befördert wurde. Mittlerweile ist ihr Vater der einflussreiche Präsident einer globalen Naturschutzorganisation, und ihre Mutter hat nachhaltige Geld-Anlagestrategien auf ihre Fahnen geschrieben. Das hat beide wieder auf die gleiche Wellenlänge gebracht.

«Hee, Mädels, was träumt ihr da, hat eine von euch Euros in der Tasche?», meldet sich Rudy. – «Du bist doch der Euro-Turbo! Hast du keinen Treibstoff mehr?», nimmt ihn Seraina hoch. Überhaupt necken sich die beiden in letzter Zeit sehr gerne und immer öfter. Margarethe bemerkt dies mit Belustigung. Sie muss sich eine Hand vor den Mund halten, um ein Grinsen zu kaschieren. «45 Euro! Ey Mann, so viel habe ich doch nicht!», entgegnet Rudy genervt. – «Ich Frau, nicht Mann, du blindes Huhn, äh, Hahn», kontert Seraina mit hochgezogener Augenbraue. Rudy schnauft, grinst dann aber. Doch da fällt es ihm wie Schuppen von den Augen, und er ruft aus: «Jemand hat ein Schwert gestohlen, ich hab einen Typ gesehen, der ist mit einem Schwert rausmarschiert!» – «Unmöglich, was schwafelst du da!», entgegnet die Kassiererin, und ihre Stimme beginnt im Ton zu steigen, was darauf hindeutet, dass sie demnächst den Direktor oder einen Kurator holt – und genau das bezweckt Rudy. Seraina hat es blitzschnell begriffen und stimmt ihm energisch zu: «Und der Typ ist zum Zü… äh Glanzenberger See gerannt! Wir müssen die Polizei verständigen! Ich rufe gleich die Polizei mit meinem Smartiefon.» – Die Kassiererin verwirft die Hände und greift nach dem Telefon: «Ueli, komm sofort, drei Schüler machen mich wahnsinnig!»

Während Rudy und Seraina unter Margarethes staunendem Blick weiter auf die Kassiererin einreden, steuert kurz darauf ein Herr mittleren Alters auf die Gruppe zu. – «Ueli, übernimm diese Bande, sonst krieg ich noch Zustände.» Der Angesprochene blickt die Anwesenden aus einem rundlichen, glattrasierten Gesicht an. Seine Augen schreiben Fragezeichen in die Luft. Als Rudy seinen falschen Verdacht nochmals äussert, meint der Mann namens Ueli kurz und knapp: «Kommt, ich zeig euch das Schwert und beweise euch, dass es nicht gestohlen wurde.» Die drei Freunde trotten dem Kurator hinterher. Seraina und Rudy klatschen ein «Gimme-Five» hinter dem Rücken des Kurators. Als dieser sich beim Geräusch der Hände umdreht, verstecken beide ihre Hände rasch hinter dem Rücken und schauen drein, als hätten sie Heiligenscheine bekommen. Margarethe muss sich ein Lachen verkneifen. Sobald der Mann seinen Kopf aber wieder nach vorne gerichtet hat, verschwinden die drei Teenager in den verwinkelten Gängen des Museums.

Die Teenager gehen durch die Ausstellung «Zürich 1218 – die Stadt, die vor Glanzenberg das Land beherrschte» und reisen durch die letzten 800 Jahre Stadtgeschichte. «Hier geht es aber noch um Zürich, gell?», fragt Seraina. «Ich bin ganz durcheinander, was jetzt eigentlich gilt.» – «Doch, ich habe in der Zürcher Zeitung über die Ausstellung gelesen, das war vor ein paar Wochen, also muss es wirklich um Zürich gehen», meint Rudy. «Die war zwar nicht im Landesmuseum, aber es scheint das Gleiche zu sein. Und wieso sollte nicht die Geschichte thematisiert werden, die sich hier vor 800 Jahren abgespielt hat?»

«Sieht irre eindrücklich aus – so lebensecht», findet Seraina, als sie vor einem riesigen Foto stehen: Die computergenerierte Rekonstruktion zeigt das römische Kastell, das auf dem Zürcher Lindenhof stand. Im Hintergrund sieht man die St. Peterskirche, wie sie mit dem romanischen Turm ausgesehen haben könnte. «Abgefahren, wie der St. Peter aussah mit dem dicken Turm!», staunt Rudy. – «Ja, wirkt ganz anders als heute, und das Zifferblatt war noch gar nicht vorhanden», stellt Seraina fest. – «Aber seht mal hier, 878, da sah das Pfalzgebäude aber nicht besonders spannend aus, und von der Kirche war noch keine Spur», bemerkt Margarethe, wird aber von Rudy korrigiert: «Lies doch mal richtig: Die Kirche war schon da, aber ohne Turm, schau doch.» – Margarethe kennt zwar Rudys schulmeisterlichen Ton, wenn es um Fakten geht, doch sie fühlt sich jedes Mal ein bisschen von oben herab behandelt. Deshalb hält sie sich in solchen Momenten eine Zeit lang aus der Diskussion heraus. Seraina bemerkt Margarethes Verstimmung nicht. «Und den guten Peter gabs also schon im 8. Jahrhundert», staunt sie. – «Also, ich finde den Bau von 1055 viel monumentaler», bemerkt Rudy und deutet auf ein weiteres Bild, welches ein massives, zweigeschössiges Gebäude zeigt. – «Süss sind ja die Fischerhütten an der Limmat», begeistert sich Seraina. – «Na ja, ich finde die Enten im Vordergrund süsser», mischt sich Margarethe mit einem Seitenhieb wieder in die Diskussion ein. – «Enten? Ihr seid dumme Gänse!», ruft Rudy aus. Nun schauen Margarethe und Seraina finster drein. «Rudy, du Superhirn, das war doch witzig gemeint! Wenn es um Fakten geht, kann dir keiner das Wasser reichen. Aber die besten Querschläger kommen immer noch von Mäggy», kontert Seraina schlagfertig. Rudy guckt etwas verblüfft aus der Wäsche, grinst dann aber verlegen. Margarethe schaut dankbar zu Seraina, die in solchen Situationen einfach souverän eine Situation bereinigen kann.

In der Ausstellung geht es aber nicht nur um die Visualisierung der Stadtfestung, sondern auch um die menschliche Seite: Rührend finden die Jugendlichen die Grabinschrift eines eineinhalbjährigen Jungen, der von seinem Vater, der Zollvorsteher war, betrauert wird als «süssester Sohn». Dies wird auf 200 nach Christus datiert und ist der älteste schriftliche Beleg, in welchem die Stadt «Turicum» genannt wurde. Im 9. Jahrhundert war die Pfalz der Karolinger bereits verändert, bis ins 11. Jahrhundert war ein grösserer Neubau gefolgt, wie die computergenerierten Bilder zeigen. «Ist schon toll, wie man solche lebensechten Bilder der Vergangenheit anfertigen kann», schwärmt Margarethe. «So kann man sich genau vorstellen, wie es ausgesehen hat.» – «Wobei das ja nur auf Vermutungen basiert anhand von Funden», gibt Rudy zu bedenken. «Aber stimmt, eindrücklich ist es schon.» – «Was war schon wieder eine Pfalz?», möchte Seraina wissen, worauf Rudy entgegnet: «Hier steht's doch: Eine Pfalz ist ein Palastbau, der Königen und Kaisern als temporäre Residenz diente.» – «Und der Saal für Empfänge und politische Geschäfte war offenbar besonders wichtig», fügt Margarethe nach einem Blick auf die Infotafel hinzu. «Zum Beispiel die Verlobung des Sohnes von Heinrich dem III, der war ja erst fünf, der arme kleine Junge!» – «Und die Braut war vier, eine kleine italienische Prinzessin», liest Seraina. «Kinderehen sind ja zum Glück heute verboten in der Schweiz. Aber in anderen Ländern stellen sie ein riesiges Problem dar, immer noch.» – «Wieso haben die damals so früh geheiratet?», fragt sich Margarethe. Rudy doziert weiter: «Wie immer ging es um die Festigung der Macht durch die Verbindung einflussreicher Familien.»

«Schauen wir doch mal weiter, was da noch steht über die Lenzburger und Zähringer», drängt Seraina. Die Teenager erfahren, dass die Pfalz später zur Stadtburg umgebaut wurde, wo die genannten Fürstengeschlechter als Vögte über Zürich herrschten. Ein Burggraben wurde um die nunmehr mit einem Tor versehene Pfalz gezogen, der sich an die Stadtmauer anschloss. Das war 1217. Rudy liest laut: «Das Zentrum der Macht thronte auf dem Lindenhof bis zum Wendepunkt 1218, als der letzte Zähringer starb: der arme Berthold V. Dadurch entstand in Zürich ein Machtvakuum.» – «Warum das denn?», fragt Margarethe. – «Vermutlich weil keine der Bürgerfamilien die Nachfolge der Zähringer antreten konnte, da sie wohl nicht wichtig genug waren.» – «Der war offenbar nicht besonders zäh, der Ringer!», flachst Seraina und erntet einen finsteren Blick von Rudy, welcher fortfährt: «Zürich wird königliche Reichsstadt, und damit ist die Zeit der Räte gekommen.» – «Und die Politik wird noch komplizierter», fügt Margarethe seufzend hinzu, worauf Rudy wie aus der Pistole geschossen hinzufügt: «Was verstehst du schon…» Bevor er seinen Satz beendet, bemerkt er diesmal seinen Fauxpas und beeilt sich, die Situation zu glätten: «Äh, … ich meine, was verstehen wir schon von der damaligen Politik? … die haben ganz anders gedacht als wir heute!» Er bemerkt, wie Seraina grinst, doch er ist einfach froh, dass Margarethe diesmal nicht eingeschnappt ist.

Das Schicksalsjahr 1218 wird in der Ausstellung als wahrscheinlicher Zeitpunkt der Zerstörung der Bebauung des Lindenhofs benannt. Ab 1300 wurde im «Richtebrief» verlangt, dass der Platz auf dem Hügel freigehalten wird und kein Herrscher dort thronen solle.

Dann ergriffen nämlich die Bürgerfamilien die Gelegenheit, Selbstbestimmung zu beanspruchen. Seraina liest weiter: «Sie gründeten den Zürcher Rat, und die Abteien des Gross- und Fraumünsters spielten im Machtgefüge auch eine wichtige Rolle. 1262 erhielt die Reichsstadt Zürich alle Rechte bestätigt, wie diese Urkunden zeigen.» – «Und hier seht ihr Münzen und Siegel, das waren Herrschaftszeichen», weist Rudy seine Begleiterinnen auf Exponate hin, die als 3-D-Repliken vorliegen. «Die Fraumünsteräbtissin hatte schon seit 1050 das Münzrecht; sie durfte also eigene Münzen prägen», liest Seraina. – «Das würde mir auch so passen, mein Antlitz auf einer Münze», grinst Rudy.

«Hey, da ist ja der Exuperantius», bemerkt Margarethe. – «War das der Dritte im Bunde?», fragt Seraina. «Ich meine bei den Kopflosen.» – «Ja. das waren doch die Stadtheiligen, Felix und Regula, aus der Legende, und ihr Diener wurde auch geköpft. Der hiess Häxebränz, auf Lateinisch Exuperantius. Der tauchte dann später plötzlich im Siegel der Bürger von Zürich auf, obwohl man ihn früher nicht so wichtig fand», weiss Rudy. – «Aller guten Dinge sind drei, wirkt einfach besser als nur zwei Köpfe», bemerkt Margarethe und fügt hinzu: «Und wir sind ja auch drei und ein starkes Team.»

«Oje, lest das mal!», ruft Margarethe entsetzt. Rudy und Seraina eilen herbei. Alle drei starren auf die Tafel, auf der steht: 1267 – Die Glanzenberger zerstören Zürich und übernehmen die Macht an der Limmat!

# 2
# Das Schwert von Glanzenberg

«Schon wieder!», schluchzt Margarethe, und ihr kommen die Tränen, «Hört das denn nie auf?» Die Fünfzehnjährige lässt sich auf eine Sitzbank fallen. Wie ein Häufchen Elend sitzt sie da und weint. Seraina gesellt sich neben sie und umarmt sie wortlos.

«Gopfridstutz nomal, F…» – «Rudy, fluchen hilft auch nicht weiter!», meldet sich Seraina besonnen zu Wort, «Wir sollten lieber mal herausfinden, was passiert ist, weshalb Zürich ausgelöscht worden ist? So könnten wir es vielleicht rückgängig machen. Was weisst du über Glanzenberg, Rudy?» – Margarethe atmet schwer, doch zumindest muss sie nicht mehr weinen. Rudy murmelt: «Das ist eine Haltestelle, im Westen von Zürich.» – «Hmm», macht Seraina, «schon mal ein Anhaltspunkt, im wahrsten Sinne des Wortes. Aber warum heisst die Haltestelle Glanzenberg?» – «Das sind doch diese Ruinen, ich meine, die Haltestelle heisst so wegen der Ruinen», grübelt Rudy in seinem Gedächtnis, «ja, da gibt es eine verschwundene Stadt am Rande von Zürich, …» – «Na ja, wenn das stimmt», ergänzt Seraina zuversichtlich, dann hat jemand statt Glanzenberg nun Zürich zum Verschwinden gebracht.» – «Ein jemand mit einer verfluchten Zeitmaschine!», entrüstet sich Rudy und setzt ironisch hinzu: «Und meine Zeitmaschine liegt natürlich in der Werkstatt, die Ersatz-Superzündkerzen müssen erst noch von Japan importiert werden, Mann, das kann dauern!» – Seraina grinst und antwortet ebenfalls ironisch: «Ausserdem steht deine Werkstatt im verschwundenen Zürich! Siehst du, ein bisschen Humor und es geht dir schon besser!» – «Galgenhumor!», grummelt Rudy entnervt. Da flüstert Margarethe: «Hee…» Und sie zeigt mit der rechten Hand auf einen Durchgang zu einem weiteren Ausstellungsraum.

Darauf prangt die Inschrift «Sonderausstellung – Das Schwert von Glanzenberg».

«Schon wieder ein Schwert! Warum können diese Dinger nicht einfach nur aus normalem Metall sein, wieso müssen die immer zaubern, alles verändern oder rückgängig machen…?», beschwert sich Rudy, als Margarethe und Seraina wie aus einem Mund jauchzen: «Das Schwert, genau! Das brauchen wir!» Beide haben sich daran erinnert, dass ihnen damals auf Schloss Neu-Bechburg ein Kelten-Schwert sehr nützlich gewesen war. – «Aber», stutzt Margarethe, «kein Schwertzauber ohne Rabe. So ein Mist, …» – «Der Rabe… äh Reiher, ich meine: Der Reihe nach!», unterbricht Rudy sie, «Da ist ein Schwert, das mit Glanzenberg zu tun hat. Gut! Gehen wir hin und schauen uns das mal an. Wo kein Plonk ist kann ja noch einer kommen, bei den Kelten war's ja auch so, dass das Schwert schliesslich den Raben herbeigerufen hat. Los! Solange es noch drei Zürcher gibt zeigen wir's den Glanzenbergern! Auf sie mit Gebrüll!» – «Du meinst mit Gebrill», unkt Seraina und deutet auf Rudys Brille. Dieser grinst, und beide lachen herzhaft. Langsam hat sich auch Margarethe aus ihrem Schockzustand herausgearbeitet.

Nach wenigen Minuten stehen sie vor einer reich ausgestatteten Vitrine, die mitten im Raum steht und von allen Seiten bestaunt werden kann. Mehrere interaktive Bildschirme stehen davor. Die Teenager sehen auf einem der Bildschirme eine digitale Rekonstruktion von Glanzenberg – eine kleine Burg auf einem Hügel und eine Stadt, die am Fusse des Burghügels gleich an der Limmat liegt. Beide zusammen – Burg und Stadt – bekamen den Namen Glanzenberg. «Cool, wie man heutzutage Archäologie erlebbar machen kann!», staunt Rudy. Die Freunde umrunden die Vitrine – und da ist es: Inmitten von Multimedia prangt ein altes, verrostetes Schwert – das Schwert von Glanzenberg.

«Und, wollt ihr immer noch die Polizei rufen?», fragt jemand hinter den Jugendlichen. Als diese sich umdrehen, blicken sie in das rundliche, glattrasierte Gesicht des Kurators, dem sie vor ein paar Minuten entwischt sind. Mit einem Lächeln auf seinem Mondgesicht sagt er: «Eigentlich müsste ich euch sehr böse sein und die Polizei rufen. Aber wie ich sehe und höre seid ihr wissbegierig. Nun ja, in eurem Alter war ich auch nicht der Bravste, diesmal lass ich es durchgehen. Aber dass ihr diese Nummer nicht nochmal abzieht, gell!»

Rudy nutzt die Gelegenheit und fragt den Kurator Löcher in den Bauch. Geschmeichelt von so viel Wissensdurst bei einem Fünfzehnjährigen gibt dieser gerne Auskunft: «Anno 1267 hat dieses Schwert den Glanzenbergern den Sieg über Zürich gebracht. Und das ging so: Freiherr Lütold V. von Regensberg und sein Sohn Lütold VI. haben seit ungefähr dem Jahr 1240 damit begonnen, eine Burg mit Stadt an der Limmat zu erbauen. Sie haben beides Glanzenberg genannt. Nach dem Tod seines Vaters im Jahre 1250 führte Lütold VI. das Werk mit seinem Bruder Ulrich fort. Doch weshalb der Aufwand? Nun, kurz zuvor ist der Gotthardpass eröffnet worden. Die Freiherren von Regensberg wollten den Fernverkehr über den Pass westlich von der damals noch existierenden Stadt Zürich durchlenken. Deshalb haben sie auch damit begonnen, eine Brücke über die Limmat zu bauen, die genau nach Glanzenberg führt. Das Projekt sollte Glanzenberg zu Reichtum verhelfen, durch Zölle und Handel. Und Zürich sollte verarmen, weil niemand mehr dort durchfahren sollte. Die Zürcher und Graf Rudolf von Habsburg fanden diese Idee gar nicht lustig und drohten 1267 mit Krieg. Diesen Krieg schliesslich hat Glanzenberg gewonnen, Zürich wurde dem Erdboden gleichgemacht und ist beinahe aus den Geschichtsbüchern verschwunden. Ursprünglich lag Glanzenberg an einer Limmataue westlich von Zürich. Weil Glanzenberg so stark gewachsen ist, liegt der Ostteil der Stadt heute über den Ruinen des alten Zürich. In diesem Teil der Stadt befinden wir uns hier», beendet der Kurator seinen geschichtlichen Rückblick, doch augenzwinkernd und mit einem erschaudernden Unterton fügt er hinzu: «Eine

Legende besagt, dass etliche hundert Jahre später drei Zeitreisende die Chance erhalten, das alte Zürich wie von Geisterhand aus den Fluten des Sees emporsteigen zu lassen. Dann würde Glanzenberg für immer im Dunkeln verschwinden…» – «… nein, wir werden eine Haltestelle danach benennen», kontert Seraina schlagfertig. Der Kurator guckt sie nur fragend an und bemerkt nicht, wie Rudy zu einem Morgenstern greift. Doch das Ding ist angekettet. – «He!», ruft der Kurator aus. Rudy meint schlagfertig: «Ich wette mit Ihnen, dass Sie das Ding hier nicht tragen können!» – Der Kurator kneift die Augen zusammen, nimmt einen Vierkantschlüssel hervor und befreit den Morgenstern von seinen Ketten. – «Nun ja, ich kann, wie du siehst! Aber wetten, du kannst es nicht, junger Mann!», provoziert der Kurator und überreicht Rudy den Morgenstern.

Genau das hat Rudy bezweckt. Er packt das Ding und dreht sich immer schneller um die eigene Achse, während der Kurator immer bleicher wird und Rudy verzweifelt darum bittet, den Morgenstern wieder hinzulegen. Margarethe schaut dem Treiben mit Entsetzen und Bewunderung zugleich zu, als sie den Aufschrei des Kurators zeitgleich mit dem Zerbersten der Vitrine hört.

Im einsetzenden Geheul der Alarmanlage geht des Kurators Schreien unter, doch er hat den Mund weit offen, als würde die Alarmanlage aus ihm heraus dröhnen. Geistesgegenwärtig greift Margarethe durch das Loch in der Vitrine, packt das Schwert, zieht es heraus und hält es hoch. Rudy und Seraina packen Margrethe, bevor der Kurator seine Schreckstarre überwunden hat. Die Umgebung beginnt zu vibrieren. Gleich würde der Kurator alle drei ergreifen, doch genau in diesem Moment fliegt ein Rabe an einem Fenster vorbei.

Die Kulisse um die drei Teenager herum verändert sich, allen drei wird schwindlig. Und dann stehen sie plötzlich mitten im Sumpf.

# 3
# Zu viele Türme

«Das Schwert ist weg», stellt Seraina erschrocken fest, «Der Rabe allerdings auch. Gut, sind wenigstens unsere Rucksäcke diesmal nicht verschwunden!» – «Plonk, wo bist du?», jammert seine Freundin wehmütig. Rudy blickt ebenfalls trübsinnig vor sich auf den Boden. «Macht nicht so ein Gesicht!», redet Seraina auf beide ein. – «Ach, mich wurmt nur, dass wir eine Schweiz verlassen haben, die die Hauptstadt von Europa stellt», grummelt Rudy. – Seraina lacht herzhaft und kontert: «Ach, nimm's nicht so schwer, das war nicht die Schweiz, in der wir leben. Denk an alles, was uns ausmacht, unser Leben, Freunde, Verwandte – all das existiert nicht in Glanzenberg, sondern in Zürich. Lass uns Zürich zurückholen und demjenigen, der uns die Zeitreise eingebrockt hat, tüchtig einheizen!» – «Gut gesprochen, Raina!», lobt Margarethe, «Und à propos einheizen: Findet ihr es nicht ziemlich kühl für einen Sommertag?» – Rudy ignoriert ihre Bemerkung und reagiert grinsend auf Serainas Worte: «Klar doch, aber lasst mir wenigstens noch ein paar Sekunden das erhabene Gefühl, dass unser Land ganz Europa zu Glanz verhilft.» – «Hm», meint Margarethe, «das kann es doch auch ohne den ganzen Glanz von Glanzenberg. Wenn wir nur die Werte in die Welt hinaustragen, die uns ein glückliches Leben ermöglichen – Demokratie und Menschenrechte und eine intakte Natur. Hey, es braucht keine Macht, um all das Gute durchzusetzen, es setzt sich automatisch durch, wenn wir mit gutem Beispiel vorangehen.» – «Stimmt!», antworten Seraina und Rudy wie aus einem Mund.

Margarethe legt ihre Stirn in Falten: «Wo sind wir eigentlich?». Sie stehen unmittelbar an einem Gewässer. «Welcher Fluss ist das?», wundert sich Rudy. «Wir waren doch erst an der Limmat, aber die sieht anders aus.» Seraina betrachtet den Boden unter ihren Füssen: «Wir stehen im Matsch! Igitt!» Rudy sieht sich um: «Hier ist Sumpfgebiet, dabei sollten wir doch mitten in Zürich sein!» Wo sind die drei nur gelandet?

Diesseits und jenseits des Flusses ist weit und breit nichts als Sumpfland mit Bäumen und Buschwerk. Auf den ersten Blick zumindest. «Dort hinten sieht es nach Landwirtschaft aus», bemerkt Rudy. «Felder, Obstbäume. Und ein Hof – oder?» Seraina blickt über den Fluss hinüber: «Da drüben sieht es auch bewirtschaftet aus, mit Feldern, aber sehr ländlich. Und der Wald oben am Berg ist so dicht.» – «Ich sehe Türme und Mauern in der Ferne!», schreit Margarethe, die ihren Blick dem Fluss entlang nach Süden wandern lässt. – «Türme und Mauern? Was für Mauern denn? Etwa eine Stadt?», möchte Seraina wissen und blickt sich neugierig um. «Stimmt, dort in der Ferne ist so etwas wie eine Burg. Komisch!»

Die drei stapfen durch das Sumpfland und nähern sich der Ummauerung. «Seht ihr den Wassergraben?», bemerkt Rudy. «Und die Mauern finde ich ziemlich beeindruckend.»

Die drei Teenager stehen nun am Wassergraben vor einer Brücke, die zu einem Durchgang in der Befestigung führt. Über dem steinernen Tor erhebt sich majestätisch ein Turm. Etwas ratlos verharren die drei an ihrer Stelle. «Was tun wir jetzt?», möchte Seraina wissen. – «Na, wir gehen durch das Tor, was denn sonst?», schlägt Rudy vor, aber Margarethe zögert. «Ich weiss nicht… ob wir da so einfach reinmarschieren können?» – «Sag mal, bist du ein Weichei?», foppt Rudy sie, und Seraina doppelt nach: «Oder ein Sumpfhuhn? Ich möchte hier nicht versumpfen; meine Stiefel sehen schon echt uncool aus! Und meine neuen Jeans haben Flecken.» Margarethe zuckt mit den Schultern: «Na gut, dann gehen wir da rein; aber ich hoffe, das kostet keinen

Eintritt.» – «Ja, denn Euro haben wir immer noch nicht», gibt Rudy zu bedenken.

Als sie über die Brücke schreiten und im Begriff sind, durch das Tor zu gehen, tritt plötzlich ein seltsam gekleideter Mann vor sie. Mit der einen Hand hält er eine imposante Hellebarde. Die drei Jugendlichen zucken vor Schreck zusammen. «Ist hier etwa Fasnacht?», wundert sich Rudy. – «Freiherr von Fasnacht befindet sich zur Zeit in der Stadt Bern», spricht der Fremde. «Was ist Euer Begehr, seltsame Fremde?» Die drei sind sprachlos. «Was für ein Gewehr?», rätselt Seraina, und Rudy stösst sie in die Seite. «Der redet irgendwas Altmodisches, nicht von Waffen.»

Misstrauisch mustert der Torwächter die drei und fragt: «Seid Ihr Weitgereiste oder gar Landstreicher? Eure Kleidung…»

Seraina ergreift geistesgegenwärtig das Wort: «Ach, nur die neuste Mode aus Mailand!» – Margarethe will von der Kleiderfrage ablenken und fügt hinzu: «Wir sind aus Zürich und wollen wissen, wo wir sind. Was ist das für ein Turm mit Tor?» Mit einem fragenden Blick antwortet der Torwächter: «Aus Zürich seid Ihr und wisset nicht, dass dies hier das Rennwegtor ist?» – «Waas? Das Rennwegtor?», fragt Rudy verblüfft. «Wo steht das denn?» – «Na, vermutlich am Rennweg», flüstert Seraina. Der Mann spricht weiter: «Das Tor führt, wie Ihr sehet, durch die Stadtmauern hinein in unsere Stadt Zürich.»

«DAS ist Zürich?», schreit Rudy. «In welchem Jahrhundert sind wir bloss gelandet?» – «Hm, also, das sieht so aus wie auf der alten Stadtkarte, wisst ihr noch, im Fach Heimatkunde in der Primarschule», erinnert sich Seraina. «So mit Mauern und Türmen und Graben.» – «Das gibt's doch nicht», seufzt Margarethe. «Da müssen wir ja irrsinnig weit in der Zeit zurückgereist sein!» – «Mega!», pflichtet ihr Seraina bei. Rudy aber ist schon wieder in seinem Element: «Dann können wir ja eine Stadttour durch's Mittelalter erleben! Hammer!»

«Wünsche den Herrschaften frohes Wandeln», spricht der buntgekleidete Mann feierlich. «Solltet Ihr der Hilfe bedürfen, wendet Euch an Jerobold.» – «Danke, das ist sehr freundlich von Ihnen», antwortet Margarethe. «Wo finden wir Sie? Sind Sie der Torwächter?» – «So ist es», antwortet dieser. «Jederzeit zu Euren Diensten, o wunderliche Bewohner Zürichs.» Mit diesen Worten hebt er seinen Hut zum Gruss.

Die drei Teenager sind ganz aufgeregt, während sie durch das Tor treten und das bunte Treiben wahrnehmen, das um sie herum wimmelt. «Wahnsinn, wir sind am alten Rennweg!», staunt Seraina. Rudy stösst einen Begeisterungsschrei aus.

Der Lärm von der Strasse lässt sie zusammenfahren: aufsetzende Hufe und ächzende Räder auf einem Untergrund aus festgepappter Erde und Kies. Rudy springt erschrocken zur Seite. Fast wäre er in den Strassengraben gefallen, hätte ihn Margarethe nicht am Arm gepackt. «He, stürz doch nicht in den Dreck! Was soll denn das?» Als sie ihre Köpfe wenden, gewahren die drei Freunde einen struppigen Esel, der von einem Mann geführt wird und einen Karren hinter sich herzieht. Plötzlich hält das Tier inne und entleert seinen Darm mitten auf dem Durchgangsweg.

«Igitt!», gruselt sich Seraina. Mann und Esel ziehen weiter und lassen den Dreck einfach liegen. Überhaupt sieht der Rennweg, im 21. Jahrhundert eine exklusive Flaniermeile mit Boutiquen, nicht besonders sauber aus. «Was sind denn das für Abfallberge am Strassenrand?» Tatsächlich türmt sich Schmutz am Rande der Fahrbahn, wobei «Fahrbahn» nicht das richtige Wort ist: Nur ein schmaler Streifen in der Mitte zwischen den Häuserreihen ist mit Steinen ausgelegt, welche sich aber bereits aufwerfen und Stolperfallen wie Schlaglöcher verursachen. Schubkarren gefüllt mit allerlei undefinierbarem Krempel rumpeln über den Weg, von kräftigen Männern geschoben. Ab und zu ächzt ein Eselsgefährt vorbei, untermalt vom Rhythmus des Hufgeklappers, aber vorwiegend sind die Menschen zu Fuss unterwegs. Die meisten Häuser am alten Rennweg sind aus Holz, einige wenige aus Stein. «Schaut mal, die vielen Holzhäuser; das ist so ungewohnt!», staunt Margarethe. – «Stimmt…», sinniert Seraina. «War da nicht mal im Mittelalter ein Brand im Niederdorf, und seither mussten alle Häuser aus Stein gebaut werden? Haben wir doch im Heimatkundeunterricht durchgenommen.»

«Das ist so abgefahren!», ereifert sich Rudy. – «Was ist abgefahren, meinst du den Eselskarren?», neckt ihn Seraina. – «Der dich fast überfahren hat?», ergänzt Margarethe das Wortspiel. – «Nein, diese ganze Szenerie finde ich einfach irre! Wir sind im tiefsten Mittelalter! Hier, mitten in Zürich! Als die Stadtmauer noch stand und die Häuser aus Holz waren!» – «Mich schaudert!», entgegnet Margarethe und kramt ihren Pullover aus ihrem Rucksack hervor, und Seraina tut es ihr gleich: «Mir wird auch kalt bei dem Gedanken, und es ist reichlich kühl.» – «Ach was, ich finde das heiss!» Rudys Augen leuchten, und er greift zu seinem Smartiefon, um dann enttäuscht festzustellen: «Kein Empfang!» Seraina und Margarethe prusten unisono los. «Was glaubst du denn?», lacht Seraina. «Wo siehst du denn hier eine Funkantenne?» – «Die ersten Mobiltelefone kamen doch erst in den 1990er Jahren auf; ich erinnere mich noch, dass mein Papa lange so ein vorsintflutliches Modell hatte, so ein Riesending, das er als Naturschützer im Feldeinsatz mit sich herumschleppte. Damals konnte man aber noch nicht aufs Internet mit dem Handy.» – «Das könnten wir jetzt auch nicht», schmollt Rudy. «Dabei hätte ich so gern auf Guugl Earth mir die Stadt angeschaut und vor allem nachgesehen, in welchem Jahr wir stecken.»

Nachdenklich betrachten die drei Teenager das Treiben um sie herum: vorbeieilende Menschen in ungewohnter Kleidung, die nach Arbeitskleidung aussieht, aus grobem Stoff, in Erdtönen gehalten, andere edler gewandete, in farbenprächtigen, langen Gewändern, die vorsichtig einen Fuss vor den anderen setzen, um ihr Schuhwerk vor Spritzern zu bewahren. Rudy prustet los.

– «Was hast du?», wundert sich Seraina, und er unterdrückt ein Lachen, als er erwidert: «Männer in bodenlangen Kleidern finde ich einfach eine seltsame Erscheinung!» – «Muss offenbar die damalige Mode gewesen sein.» – «Und die Schuhe sind auch noch speziell», bemerkt Margarethe und deutet auf zwei Männer, die grob geschnitzte Holzschuhe tragen. «Schaut mal, die beiden tragen Hosen.» – «Aber das sind keine richtigen Hosen, das sind so komische Beinlinge, habe mal gehört, dass die einzeln an jedes Bein gebunden wurden», entgegnet Seraina. – «Offenbar sind die Hosenträger einfache Leute; sie haben schwielige Hände, und auch die Gesichter sind zerfurcht», beobachtet Rudy. – «… während die mit den langen Kleidern und den Gürteln eine gepflegtere Erscheinung bieten, und ihre Schuhe scheinen aus Leder zu sein», fügt Margarethe hinzu. «Die sehen aus wie komische Pantoffeln!», kichert Seraina. «Und Hüte scheinen auch in Mode gewesen zu sein.» – «Wen interessieren schon Kleider», brummt Rudy und zieht die Kapuze seines Hoodies zurecht, die sich über seine rechte Schulter geschoben hat. Margarethe blickt an sich hinunter: «Mit unsren Jeans und Pullis fallen wir jedenfalls nicht in die Kategorie der Adligen.» – «Und wie würdest du unsere Turnschuhe einordnen?», fragt Rudy. «Die Leute gucken uns recht komisch an!» – «Peinlich: Wir fallen auf; das habe ich gar nicht gern!», flüstert Seraina zerknirscht und zieht ihre Kapuzenjacke enger um ihren Körper. – «Ich dachte, das sei dir egal…», neckt Rudy sie, «was die andern denken.» – «Grundsätzlich schon, aber in einer anderen Zeit sehe ich das anders. Da ist es besser, nicht aufzufallen.» – «Ich wüsste zu gern, in welcher Zeit wir uns befinden!», bemerkt Margarethe nachdenklich.

«Wir können ja jemanden fragen», schlägt Seraina vor. – «Bist du verrückt?», fährt Rudy sie an. «Der Torwächter dachte doch schon, wir hätten sie nicht alle. Hast du seinen Blick nicht gesehen? Am Ende landen wir noch im Irrenhaus!» – «Oder im Wellenbergturm», schlägt Margarethe vor und erntet fragende Blicke. «Na, ich weiss nicht mehr genau, wann der im See herumstand, aber das war doch das Gefängnis.» – «Wir können ja mal nachsehen, ob der noch da ist, das fände ich echt spannend!», ereifert sich Seraina. – «Kommt, wir gehen auf den Lindenhof, von da haben wir den besten Überblick», schlägt Rudy vor. – «Gute Idee, ich bin schon ganz konfus von dem Gewimmel», seufzt Margarethe. «Aber wo geht es durch? Es sieht alles ganz anders aus.»

Schweigend versuchen sich die drei zu orientieren. «Hm, die Gasse an dem Bastelladen vorbei führt doch von der Bahnhofstrasse aus steil hinauf zum Lindenhof», erinnert sich Seraina. «A propos: Wo ist eigentlich die Bahnhofstrasse?» – «Die müsste unter uns sein; der Rennweg zweigt doch aus der Bahnhofstrasse ab», erinnert sich Margarethe. «Aber komisch, wir sind doch durch das Rennwegtor reingekommen, und vorher war die Stadtmauer und draussen nur Sumpfland. – «Allerdings war da Sumpf», brummt Seraina und besieht sich missmutig ihre schmutzverspritzten Stiefel. Rudy stösst beide Mädchen an: «Da ist eine Lücke zwischen zwei Häusern, aber da unten ist keine Strasse, sondern ein Wassergraben!», ruft er fassungslos. Ein vorbeigehender Mann in einem langen, blau-weiss gestreiften Gewand und Schuhen, die an Lederpantoffeln erinnern, mustert die drei verwundert. «He, Sie, Entschuldigung, was ist das für ein Graben da unten?», spricht Seraina den Passanten an, welcher verdutzt stehenbleibt. «Sprechet Ihr von dem Fröschengraben?», reagiert der Gestreifte, dessen braune Locken bis auf die Schultern fallen. – «Ja, erinnert ihr euch?», schreit Rudy begeistert auf, sodass der Mann vor Schreck einen kleinen Hüpfer macht. «Der Fröschengraben! Genau! Und später wurde der doch zugeschüttet und die Bahnhofstrasse angelegt.» Der Mann kratzt sich am Kopf: «Worüber sprechet Ihr nur, was ist eine Bahnhofstrasse? Welch Unsinn das junge Volk verzellet! Immer Unfug im Kopf!» Kopfschüttelnd geht er weiter, während die drei in regelrechte Begeisterung verfallen. «Also gibt es die Bahnhofstrasse noch gar nicht!», staunt Margarethe. – «Mist, ich hätte gern einen Bummel durch die Läden gemacht», schmollt Seraina. «Hör auf mit dem Quatsch! Wir müssen jetzt wirklich auf den Lindenhof, da haben wir den Überblick über das mittelalterliche Zürich!», drängt Rudy.

«So geil!», ruft er aus. – «Red doch nicht so vulgär!», weist ihn Seraina zurecht. – «Was heisst vulgär? Das ist ein Ausdruck der Freude!» – «Jaja, von wegen!» – «Doch, wirklich, man sagte *geil* im Fall schon vor über tausend Jahren und meinte damit *übermütig* und *fröhlich*.» – «Stimmt», pflichtet ihm Margarethe bei, «das habe ich grad kürzlich im BEO gelesen, dem Wissensmagazin.» Rudy zückt sein Smartiefon: «Hier habe ich es online – nein, Mist, das geht ja gar nicht ohne Empfang!» Margarethe lacht triumphierend: «Ich habe das Heft dabei! Ich hatte in letzter Zeit darin geschmökert und trage es immer in meinem Rucksack herum. Es geht doch nichts über gedrucktes Papier!» Sie liest vor: «*Erst ab dem 15. Jahrhundert wurde der Begriff allmählich lüstern aufgeladen, ab dem 19. Jahrhundert war er als Tabuwort geächtet, im 20. Jahrhundert dann galt er als vulgär – und wurde somit ein Kandidat für die Jugendsprache.*» – «*Krass* haben ja auch schon die Römer gesagt, das haben wir ja im Lateinunterricht gelernt: *crassus*», fügt Margarethe hinzu, und Rudy ergänzt: «Das hiess dann *dick* und *plump*. Aber wir sagen ja auch vollfett, wenn etwas geil ist, oder?» – «Voll krass!», gibt sich Seraina achselzuckend geschlagen.

Während sie noch flachsen und philosophieren über den Wortgebrauch früher und heute, nehmen sie den steilen Aufstieg zum Lindenhof unter die Füsse. «Ich bin so gespannt, wie es dort oben aussieht», freut sich Margarethe. Aber die Enttäuschung ist gross. «So eine Pleite!», murrt Rudy. «Keine Spur von einer Burg. – «Das sieht ja aus wie eine Baustelle!», jammert Seraina. «Kein schöner Platz ist das – ist im alten Zürich eigentlich überall nur Dreck?» – «Das Kastell ist weg, dabei wollte ich das doch endlich mal sehen!», grummelt Rudy. Margarethe mustert ihn aufmerksam: «Meinst du, das alte Römerkastell? Das im 8. Jahrhundert oder so hier stand?» – «Ja, das wurde ja irgendwann abgerissen. Schade! Erinnert sich noch einer, wann das war?» – «Das stand doch auf den Infotafeln in der Ausstellung... in Glanzenberg», grübelt Rudy. «Wenn ich nur mein Smartiefon benutzen könnte!»

«Kommt mal mit, ich möchte runter auf die Limmat schauen», drängt Margarethe. «Gute Idee», stimmt ihr Seraina zu. «Möchte wissen, wie die Flaniermeile Limmatquai im Mittelalter ausgesehen hat! Auch wenn meine modischen Stiefel nicht begeistert sein werden!» – «Lass mich mal mit deinen Stiefeln in Ruhe!», motzt Rudy.

Der Boden ist uneben; der Lindenhof ist noch kein richtiger Platz und teilweise noch von Schutt und grossen Steinen übersät. Vermutlich sind das die Überreste des Kastells. Die drei Jugendlichen müssen sich vorsichtig bewegen, bis sie an die Brüstung gelangen, die vermutlich noch zur Mauer des alten Baus gehört.

Der ungewohnte Anblick, der sich ihnen bietet, verschlägt ihnen den Atem. Rudy holt als Erster wieder Luft: «Das ist ja der Hammer! Seht euch das an! Die Stadtmauer, die Türme!» – «Ist echt der Wahnsinn!», pflichtet ihm Seraina bei, während Margarethe immer noch sprachlos vor Staunen ist. Sie blicken über die Limmat und sehen ungewohnt kleine Häuser, dazwischen imposante Türme und in der Ferne eine mächtige turmbewehrte Mauer. Margarethe weiss gar nicht, wo sie anfangen soll mit schauen: «Ich versuche, mich zu orientieren, aber es kommt mir so gar nichts bekannt vor!» Rudy seufzt: «Ja, eben, dafür hätte ich doch genau diese App, aber ohne Antenne...» – «Ohne Netz, ohne die ganze Technologie überhaupt», ergänzt Seraina. «Das dauert noch Jahrhunderte, bis du dein Smartiefon jemals wieder benutzen kannst.» Rudy stöhnt, und Margarethe bemerkt fröhlich: «Ist doch abenteuerlich, wenn wir mal ohne den ganzen Firlefanz herausfinden müssen, wo wir sind.» – «Stimmt», pflichtet ihr

Seraina bei. «Aber!», ruft Rudy aus, «Fotos schiessen kann ich ja mit meinem Smartiefon! Da brauche ich kein Netz. Voll geil, so glaubt man mir, wenn ich wieder zurück bin in meiner Welt!» Und er holt es aus der Tasche und knipst darauf los wie ein fernöstlicher Tourist. Die beiden Mädchen schauen sich an und verdrehen die Augen.

Seraina grübelt währenddessen für alle hörbar weiter: «Wo wir sind, ist klar: auf dem Lindenhof. Aber was wir sehen, ist mir noch nicht ganz klar. Rudy, streng mal deine kleinen, grauen Zellen an, du bist doch immer so schlau, brauchst den ganzen Technik-Quatsch doch gar nicht!» Schwer geschmeichelt errötet Rudy, was ungewohnt für ihn ist. Margarethe entgeht Serainas Seitenblick zu ihm nicht, dem er verlegen ausweicht. Er räuspert sich, verstaut sein Handy in der Hosentasche, dann spricht er mit belegter Stimme: «Also, wir blicken auf die alte Stadtmauer von Zürich. Und das Grossmünster sehe ich auch. Glaube ich zumindest. Aber die Türme sind viel zu niedrig!» – «Und die Wasserkirche!», ruft Margarethe begeistert. – «Und dort… dieser Turm da, im Niederdorf, der steht doch heute noch, oder?», wundert sich Seraina. – «Kommt drauf an, welches „heute“ du meinst», grinst Rudy. «Aber ich kenne den Turm auch, gegenüber von dem Kolonialwarengeschäft Weissenfluss, wo wir doch schon Tee getrunken und Gemüsequiche gegessen haben.» – «Dort heisst sogar das Restaurant „zum Turm“», erinnert sich Margarethe. – Seraina seufzt: «Mich fasziniert das Grossmünster, das so ganz anders aussieht ohne jene Türme, die wir kennen – voll schräg!» – «Liegt vielleicht am sumpfigen Boden», flachst Rudy. Sie stösst ihn in die Rippen: «Depp! Also nein, es steht natürlich gerade, aber es sieht ungewohnt aus ohne die bekannten Türme… die eigentlich ganz seltsame Kuppeln haben. In welchem Jahr nur befinden wir uns?»

Margarethe sieht sich um und gewahrt einen Mann, der sich mit einem Kind an der Hand über den Platz in ihre Richtung bewegt. «Warum fragen wir nicht jemanden?»

Das Kind, das langes Haar und ein knielanges Gewand trägt, löst sich von der Hand des Vaters und klettert auf einen grossen Steinbrocken. Lustvoll jauchzt es. «Balthasarlein, pass auf!», ermahnt der Mann den kleinen Jungen. «Stürz nicht vom Mäuerlein, sonst wird Mama nicht zufrieden sein, wenn sie deine Hosen flicken muss!» Der Bub lacht und versucht, auf einen anderen Stein zu springen. Dann setzt er sich in den Sand und buddelt. Der Mann lässt sich auf einem Mauerrest nieder. Margarethe nähert sich den beiden. «Entschuldigen Sie, dürfen wir Sie etwas fragen?», wendet sie sich höflich an den Vater. Dieser sieht sie verblüfft an. «Wertes Fräulein mit der seltsamen Sprache und der ungewohnten Kleidung, Ihr dürft fragen, aber was ist Euer Begehr?», reagiert der Mann höflich, der seiner Kleidung nach ein Gutbetuchter ist – im wahrsten Sinne des Wortes. – «Wir möchten gerne wissen, wie diese Türme heissen.»

Bereitwillig erhebt sich der Mann. «Komm, Balthasar, wir zeigen dem Fräulein die Türme!» – «Auja, Papa, Tümme seige!», lacht der Junge und springt fröhlich auf. Die beiden treten zu Seraina und Rudy an die Brüstung. «Passt auf», hebt der Mann an. «Gewahret dorten beim Niederdorftor, wie die Stadtmauer nach Südosten abbieget und den Neuen Turm erreicht.» – «Also, direkt gegenüber von uns? Der mit dem Tor? Das wäre am heutigen Hirschengraben?», unterbricht Rudy. – «Was sprechet Ihr von Hirschen? Der Graben ist nicht zu sehen, er lieget hinter der Stadtmauer. Ihr meinet den Turm am neuen Märit.» – «Dann muss der Neue Turm der weiter links sein», mutmasst Seraina. – «So ist es: Nach dem Turm am neuen Märit folgt der Schrättelisturm beim Wolfbach.» – «Noch nie gehört!», murmelt Rudy, und Seraina sinniert: «Einer hiess doch Wolfsturm, habe ich mal irgendwo gelesen, aber vielleicht wurde der später umgetauft.» –

«Wo hast du denn das gelesen?», möchte Margarethe wissen. – «Vielleicht auf der alten Stadtkarte aus dem 16. Jahrhundert.» Der Mann räuspert sich: «Lindentorturm und Geissturm folgen.» Sein Sohn unterbricht begeistert: «Im Geissturm wird Pulver gelagert! Zum Schiessen! Bumm! Bumm!» – «Balthasar!», tadelt ihn der Vater. «Sprich derogleichen nicht in Gegenwart fremder Menschen.» – «Keine Sorge, wir sind Zürcher und würden nie unsere eigene Stadt in die Luft jagen!», flachst Rudy, worauf ihn der Mann überrascht und etwas misstrauisch ansieht. – «Achtung, die haben hier wohl einen anderen Humor als in unsrer Zeit», flüstert ihm Seraina zu. Margarethe greift in dieser peinlichen Situation ein: «Bitte, hören Sie nicht auf ihn, wenn er Spässchen treibt; wir sind Schüler und möchten mehr über unsere Stadt lernen, weil wir eine Zeit lang fort waren.» Beruhigt nickt der Mann und fährt fort: «Nach dem Geissturm seht Ihr das Oberdorftor am Ende der steinernen Befestigungsmauer. Von dorten führt ein Palisadenzaun ans Wasser bis zum Langenörlisturm, der am Limmatufer steht, und vermittelst einer Schwirrenreihe wird die Stadt zum See hin abgegrenzt.» – «Was bitte?», wundert sich Seraina. – «Ich nehme an, er meint diesen Holzzaun im Wasser», mutmasst Rudy. «Sieht ja abgefahren aus! Und dort – ist das nicht der Wellenbergturm?» Margarethe keucht hörbar. «Im Wellenbergturm sperren sie die Räuber ein!», jubelt der kleine Junge, reisst sich von der Hand des Vaters los und rennt auf eine Ansammlung von Mauerbrocken zu. Sein Vater eilt ihm hinterher.

«Und das Tor oder was auch immer dort ist, wie heisst das?», fragt Seraina. «Das im Fluss, an der Brücke.» – «Das muss wohl das Grendeltor sein», vermutet Margarethe, «Das kenne ich von einem Bastelbogen aus der Primarschule. Ich hatte das gebastelt und lange auf meiner Kommode aufgestellt. Aber es sieht anders aus.» – «Vielleicht weil du basteltechnisch talentfrei bist?», neckt Rudy sie, geht aber, um von seinem blöden Spruch abzulenken, gleich zu Begeisterungsstürmen über: «Megacool, der gute alte Grendel! Wobei da nicht viel Tor zu sehen ist. Wurde das nicht erst irgendwann im 15. Jahrhundert erbaut?» – «Das würde ja heissen…», fängt Seraina an. – «… dass wir irgendwo vor dem 15. Jahrhundert gelandet sind», bringt Rudy ihren Satz zu Ende.

Der Ortskundige tritt wieder zu den drei Jugendlichen. «Euer Wissensdurst ist wohllöblich, aber Ihr verzellet gar wunderliche Dinge. Was wollt Ihr wissen über unseren Grendel?» – «Alles, was Sie uns erzählen können!», bettelt Margarethe, und die andern beiden nicken. «Ihr sprachet vom Grendel. So höret, dass die Schwirrenreihe die Stadt vom See abgrenzet und dass der Grendel ein Sperrbalken ist, der den Schiffen Einlass gewähret. Ein Wegzoll muss entrichtet werden.» – «Schiffli fahren! Mit dem Opa!», jauchzt der kleine Junge, und sein Vater schmunzelt und fährt mit Stolz fort: «Ihr erwähntet den Wellenbergturm, welcher zu meinen Lebzeiten gebaut wurde.» – «Dort müssen alle bösen Räuber rein!», unterbricht der Junge vergnügt, und der Vater fährt unbeirrt fort, während die drei Teenager fasziniert an seinen Lippen hängen: «Er lieget auf der Linie zwischen Lindenturm und Turm im Spitz auf der anderen Seite der Limmat, folgend dem Verlauf der alten Stadtmauer. Grösser ist die Stadt Zürich geworden, seit ich ein kleines Büblein war wie das meinige, und Ihr sehet, dass sie mit Ringmauer und Wassergraben wohlbewehrt ist. Sieben Stadttore haben wir und dazu den Grendel-Sperrbalken. Vielleicht wird eines Tages dort ein Tor errichtet. Dort ist die Schiffländе, der Hafen unserer Stadt, was Ihr sicherlich wisset. Verzeihet nun aber, dass wir uns verabschieden, aber wir werden von der Mutter unsres Hauses erwartet.» – «Mama gehen!», jubelt der Junge und eilt von dannen, gefolgt von seinem Vater, der den Jugendlichen zum Abschied winkt.

«Fort ist er», bedauert Rudy. – «Ach was, wir können uns doch selber umsehen und andere Leute fragen», spricht Seraina munter. «Kommt, wir gehen mal runter zur Limmat. Ich glaube, da vorne sind auch noch Kirchtürme, die wir kennen sollten.» Margarethe blickt hinter sich in die Richtung, aus der sie heraufgekommen sind. «Ich würde gerne noch auf die andere Seite, Richtung Üetliberg schauen. Wie die Mauern dort aussehen.» – «Von mir aus», findet Rudy. «Obwohl wir eigentlich schon genug Türme gesehen haben; das wird langsam langweilig.» – «Quatsch! Türme sind nie langweilig!», rufen beide Mädchen im Chor. Rudy verdreht die Augen. So stapfen sie wieder über den Platz, teilweise durch den Schutt des alten Kastells und suchen einen Ort, an dem sie einen Überblick haben.

«Das ist ja so was von abgefahren!», jubelt Seraina. «Schaut mal, auch hier, all diese Türme! Wie viele sind es wohl?» – «Lass mich mal zählen», murmelt Rudy. «Sieben… oder acht?» – «Da ist noch etwas Kleineres, so eine Art Turm oder ein Fundament, gilt das auch als Turm?», rätselt Margarethe. «Sagenhaft, die alten Türme der Zürcher Stadtmauer! Das sieht so toll aus!» Begeistert weiden sich die drei Jugendlichen an dem Anblick, der sich ihnen bietet. Dort, wo die Bahnhofstrasse später sein wird, liegt ein Graben, dahinter die Stadtmauer. «Jenseits der Mauer wird wohl der Schanzengraben sein», mutmasst Rudy und bedauert erneut, dass er nicht sein schlaues Telefon fragen kann. – «Ja, das ergibt Sinn», pflichtet ihm Seraina bei. Schwärmerisch lässt Margarethe ihren Blick über die alten Türme schweifen, die aber noch recht neu aussehen. «Ich wüsste gern, wie die heissen. Von denen ist ja kein einziger bis in unsere Zeit erhalten geblieben, wie schade!» – «Stimmt», macht Rudy und sieht sich um. «Ich suche einen Ortskundigen, der uns weiterhelfen kann. Ah, ich glaube, ich habe ein Opfer gefunden!»

Ohne zu zögern, steuert er auf ein Paar zu, das am Rande einer Begrenzung zu einem Feld, das wie ein Friedhof anmutet, auf die Plattform zu gelangen sucht. Die Frau im bodenlangen, violetten Kleid mit orangem Gürtel zetert; der Mann, dessen Gewand rotweiss gestreift ist, brummt etwas vor sich hin. Seraina schickt

Margarethe einen Seitenblick: «Will sich der wirklich in einen Ehekrach einmischen, noch dazu bei diesen Pyjama-Trägern?» Margarethe zuckt grinsend mit den Achseln: «Unser Rudy-Genie wird schon wissen, was er tut!»

Dieser hat unterdessen die beiden Leute erreicht. Die Frau wischt ihre Lederpantöffelchen mit einem Tuch ab und scheint sich über den Einfall des Mannes zu beschweren, hier heraufgestiegen zu sein: «… um des guten Schuhwerks ist mir weh. Wozu haben wir der guten Wege viele? Aber nein, der Herr muss im Morast herumstampfen!» – «Ich wollte Euer Herz erfreuen mit dem Blick über unsre schöne Stadt», verteidigt sich ihr Begleiter und drückt verlegen an seinem unförmigen Hut herum. Rudy versucht, die Aufmerksamkeit der beiden zu erheischen, während Seraina kichert: «Der Kerl wollte seine Angebetete wohl zu einem romantischen Tête-à-tête hierherbringen, aber ihre Vorstellungen von Romantik decken sich nicht.» Margarethe schmunzelt: «Na, du hast dich vorhin ja auch über schmutzige Stiefel beschwert!» – «Stimmt. Wir Frauen machen uns nicht gern die Füsse schmutzig, wenn es sich vermeiden lässt, und die Dame hier ist nicht für eine Expedition durch eine Baustelle gekleidet.» Rudy räuspert sich erneut. «Entschuldigen Sie, dürfte ich Ihnen eine Frage stellen?» Die Frau schickt ihm einen erzürnten Blick, der sowas ausdrückt wie: Was mischt sich der Kerl jetzt ein? – Der Mann, froh um eine Ablenkung, reagiert freundlich: «Was ist Euer Begehr, junger Bursche?»

«Der hofft sicher, wenn die Frau sich über Rudy ärgert, ist er selbst aus der Schusslinie», grinst Seraina. Unbeirrt fährt Rudy fort: «Meine beiden Schulkameradinnen und ich wüssten gerne, wie all diese Türme auf der Stadtmauer heissen.» Das Gesicht des Mannes hellt sich auf: «Mit grossem Vergnügen kläre ich die Jugend auf über unsere Bauwerke.» Sie nähern sich der Mauer, an welcher die beiden Mädchen warten, dann richten sich alle Blicke in Richtung Uetliberg zur Stadtmauer. «Gewahret dorten in der Ferne den Turm am Graben im Spitz.» Rudy reckt seinen Hals neugierig: «Ist das der Eckturm?» – «Ihr sprecht ein wahres Wort. Dorten wendet sich die Mauer nach Norden und wird von zwei tiefen Wassergräben flankiert. Dann sehet den Äbtissinnenturm, den Wollishoferturm, daneben das Wollishofertürli, und etwas näher bei uns den Hartmannsturm. Und dann…» – «Ja dann kommt der Augustinerturm und der Ketzisturm mit dem Kecinstürlin», fügt die Frau hinzu. – «Und der Käferturm», fährt der Mann fort. – «Unfug!», fährt ihn seine Begleiterin an. «Käuffelerturm heisst derselbe.» – «So viele Türme!», haucht Margarethe voller Staunen. Stolz erfüllt die Gesichter des Paares. «Acht Türme erheben sich auf der westseitigen Mauer», erklärt der Mann, «und am Ende folgt der Rennwegturm.» – «Den kennen wir!», jauchzt Rudy. «Durch den sind wir in die Stadt gekommen.»

Neugierig mustern der Mann und die Frau die drei Teenager. «Wunderlich ist Eure Kleidung, von welcherorten kommt Ihr?» – «Aus Zürich», reagiert Margarethe wie aus der Pistole geschossen. Erst dann wird ihr bewusst, dass sie besser geschwiegen hätte. Verwirrt blickt das Paar sie an. «Warum fraget Ihr dann solcherlei Dinge?», zeigt sich der Mann etwas unwirsch. «Wollt Ihr uns zum Narren halten?» Die drei Teenager werfen einander fragende Blicke zu. Schlagfertig reagiert Rudy: «Äh, wir stammen in der Tat aus Zürich und waren in Basel…, waren eine lange Zeit nicht mehr in unsrer Heimatstadt und sind erste heute zurückgekehrt, darum haben wir die Namen der Türme vergessen.» Diese Erklärung scheint die beiden zu befriedigen. «Wir möchten nun aber noch mehr von der Stadt sehen, nach so vielen Jahren», fügt Seraina hinzu und zieht Rudy mit sich. «Danke für Ihre Hilfe!», bemerkt Margarethe und folgt ihren Freunden. Das Paar grüsst freundlich und scheint allen Zank vergessen zu haben. Margarethe hört sie noch murmeln: «Ob das wohl Geschwister sind? Seltsame Truppe!» Sie schliesst auf zu Rudy und Seraina. «Die haben noch über uns getuschelt. Fragten sich, ob wir Geschwister sind!» Die drei prusten los. Dann wird Seraina ernst: «Im Ernst, das ist keine dumme Idee.» – «Warum?», reagiert Rudy verdutzt. «Warum sollte ich plötzlich zwei Schwestern haben?» – Seraina errötet. «Ja, weil du uns doch beschützen musst.» – Rudy grinst: «Das ist ja gut! Dann bin ich euer Beschützer! Das gefällt mir. Dann müsst ihr mir aber auch gehorchen!» – «Das könnte dir so passen!», reagiert Seraina mit einem Knuff in Rudys Schulter. «Es geht doch nur um den Anstand.» – «Den werde ich euch Frauenzimmern schon beibringen», flachst Rudy und funkelt Seraina provozierend an. «Das ergibt aber wirklich Sinn», meint Margarethe. – «Was?», wundert sich Seraina. «Wenn einer unanständig ist, dann er!» – «Ich meine, dass es sich im Mittelalter wohl nicht gehörte, dass junge Frauen allein unterwegs waren. Also, was wir in der Schule behandelt haben, da hatten doch Frauen schon in der Antike jeweils einen Vormund.» Rudy kichert hämisch. «Und der bin ich! Das gefällt mir!» – «Du trägst aber auch die Verantwortung, dass uns nichts passiert», bemerkt Seraina süffisant. «Falls uns ein Unhold überfällt!» – «Wie auch immer», fährt Margarethe fort: «Es macht sich sicher besser, wenn wir als Geschwister unterwegs sind, das erregt weniger Aufsehen. Ihr solltet euch also nicht in der Öffentlichkeit küssen!» Grinsend bemerkt sie, wie Rudy und Seraina beide erröten, dann wechselt sie das Thema: «Wo gehen wir jetzt hin?» – «Mal da runter, Richtung Wasser», schlägt Seraina vor. «Dort zu diesem komischen Turm.» – «Was ist das wohl für einer?», rätselt Rudy und greift instinktiv zu seinem Handy, bevor ihm wieder bewusst wird, dass es ihm nichts nützt. «Ach, fragen wir später jemanden. Jetzt möchte ich mal wissen, wie es im alten Zürich so aussieht. Und wir sollten jemanden finden, den wir über die Vorgänge informieren. Jemanden, der etwas zu sagen hat.» – «Stimmt», pflichtet ihm Margarethe bei. «Wir sind immerhin Zeitreisende und wissen eigentlich mehr als die Leute hier. Nur blöd, dass wir nicht so genau wissen, wann genau wir hier gelandet sind.»

Um das herauszufinden, schauen sich die drei Teenager richtig um in der Mittelalter-Stadt. Das Neue, also zeitlich gesehen wohl eher das Alte um sie herum fasziniert sie. Statt Autos kurven Pferdewagen herum. «Etwas wenig PS», findet Seraina, doch Pferdenarr Rudy ist hin und weg. Plötzlich kommt ein junger, etwas seltsam gekleideter Mann auf sie zu. Er sieht einem Schweizer-Gardist im Vatikan ziemlich ähnlich. Seine patchwork-artigen, bunten Kleider wirken wie eine verspielte Uniform. Ist er etwa ein Polizist? Kaum, dazu passt der Hut nicht: ein Stoffding mit unpraktischer, langer Schleife. Und er ist gänzlich unbewaffnet. Er ist wohl eher ein Spielmann, also ein Musiker. Margarethe macht Rudy und Seraina auf ihn aufmerksam. Der Spielmann zückt ein flötenähnliches Instrument aus seinem Wams, spielt eine kurze Melodie und verbeugt sich vor den drei Freunden. Dann spricht er würdevoll: «Willkommen in der Freien Reichsstadt Zürich, schöne Maiden, edler Junker! Jeck ist mein Name, Euch stets zu Diensten!»

«Hoch… erfreut!», stottert Rudy etwas unbeholfen und verbeugt sich ebenfalls, «Ich bin Rudolf, und das sind meine Schwestern Serafina und Margaretha. Bringt uns bitte zum Stadtherrn von Zürich, wir haben wichtige Kunde.» Seraina und Margarethe kommen aus dem Staunen nicht heraus. Rudy spielt seine Rolle gut, doch ein seltsames, finsteres Funkeln in Jecks Blick verunsichert die beiden Mädchen. Der Spielmann raunt: «Die Stadtherrin zu Zürich ist die Äbtissin des Fraumünsters. Mechthild von Wunneberg. Ist es Euer Begehr, ihr eine Aufwartung zu machen, edle Leute?»

# 4
# Die Stadtherrin von Zürich

«Stadtherrin?», entfährt es Margarethe. – «Na klar, wusstest du nicht, dass die Fraumünsteräbtissin faktisch Stadtherrin war und sogar das Münzrecht hatte?», klärt Rudy sie leicht vorwurfsvoll auf. «Du mit deiner Schwäche für Frauengeschichte müsstest das aber wissen!» Ihm war nicht entgangen, dass sich Margarethe aus den Zeitungsberichten und Geschichtsbüchern mit Vorliebe die Themen heraussuchte, in welchem eine Frau eine wichtige Rolle spielte. – «Ja, doch, natürlich weiss ich das!», erwidert sie gereizt. Ihr ist es peinlich, dass sie nicht mehr daran gedacht hat, wo sie doch bereits mit Nonnen der Reformationszeit hautnah Kontakt hatte. Und wo ihr die Frauenthemen so am Herzen liegen. «Ich war nur gerade mit den Gedanken woanders!» – «Finde ich voll abgefahren, dass der Boss von Zürich eine Frau ist!», freut sich Seraina, «Also waren die im Mittelalter gar nicht so rückständig!» In der heutigen Weltpolitik sind die Mädchen bezüglich starker Frauen gut bedient; nehmen doch immer mehr Frauen tragende Positionen in Staatsämtern ein – so waltet im nördlichen Nachbarland eine Bundeskanzlerin, welche die Geschicke Europas wesentlich mitgestaltet; die frühere Präsidentengattin der USA war eine selbstbewusste Frau, und in Südamerika stehen Frauen gleich an der Spitze mehrerer Länder, denkt Margarethe nicht ohne Befriedigung. Ausserdem waren in der Schweiz bis vor kurzem die Bundesrätinnen in der Mehrzahl!

Seraina unterbricht Margarethes Überlegungen: «Oder hast du etwa Hemmungen, einer Klosterfrau gegenüberzutreten? Du tust das doch nicht zum ersten Mal, oder?» – «Nein, natürlich nicht», entgegnet sie zerstreut. Die Erinnerung an ihr erstes Abenteuer in der Vergangenheit ist mit den Jahren etwas verblasst und mutet eher an wie ein Film, den sie sich vor langer Zeit angeschaut hat. Auch Rudy wirkt in Gedanken versunken. Burschikos versetzt ihm Seraina einen Stoss in die Rippen. «Autsch! Lass mich doch überlegen! Ich versuche auszurechnen, in welchem Jahr wir gelandet sein könnten. Also, als der Reformator Ulrich Zwingli in Zürich ein Kloster nach dem anderen reformierte oder auflöste, war das so nach 1517 …» – «Das war doch das Jahr, als der Luther die Reformation anzettelte, oder?», erinnert sich Margarethe. – «Ja, der ganze Schwachsinn eben!», zischt Seraina verächtlich und erntet verwunderte Blicke ihrer Freunde. – «Wieso denn Schwachsinn?», will Rudy wissen. «Ist dir nicht klar, dass die Reformation einen riesigen Fortschritt bedeutete? Die Leute waren vorher ja dumm wie die Schafe!» – «Na ja, also im Kloster lebten sehr kluge, gebildete Frauen», wendet Margarethe ein, wird aber von Seraina unterbrochen. «Was diese dämlichen Typen alles zerstört haben, geht auf keine Kuhhaut!», braust Seraina wütend auf. – «Muh!», macht Rudy und duckt sich vorsichtshalber, bevor sie weiterfährt: «So viel Wissen wurde einfach vernichtet, Bücher, Kunstgegenstände … darum sehen die reformierten Kirchen heute alle so nüchtern aus! Diese Bildzerstörungen finde ich furchtbar!» – «Dafür leben wir in Zürich nicht mehr hinter dem Mond. Wenn ich bedenke, was da an Wissen vorhanden ist – das wäre ohne Reformation so nicht möglich gewesen…», spielt er auf die Differenzen zwischen den christlichen Kirchen an. – «Aber mit dem Vorschlaghammer betreibt man keine Kirchenpolitik!», gibt Seraina zu bedenken. – «Der Luther selber wollte doch gar nicht, dass die Bilderstürme stattfanden», wendet Margarethe ein. – «Der war doch ein Weichei! Der dachte, der da oben löst das dann schon von allein!» Margarethe ist leicht schockiert, wie respektlos Seraina spricht – über das Thema Glauben haben sich die drei Freunde in der Tat noch selten unterhalten, und wenn, dann lediglich über die Rolle der Druiden bei den Kelten. Offensichtlich bestanden da unterschiedliche Ansichten.

«Themawechsel! Wir sollten jetzt die Äbtissin interviewen, und dafür wäre es hilfreich, wenn wir unsere Glaubensgegensätze begraben», fordert sie ihre Freunde auf. «Bis zur Reformation habt ihr, glaube ich, noch ein paar Jährchen!» Rudy ergänzt: «Ich vermute, noch so um die 250!»

«Bist du sicher? In welcher Zeit sind wir denn jetzt?», möchte Margarethe wissen. Rudys Stimme wird ganz leise: «In Anbetracht der Tatsache, dass Zürich offenbar noch existiert, müssten wir vor dem Jahr 1267 sein, das der Museumstyp als Ende von Zürich erwähnt hat – wenn wir Pech haben, genau im Jahr der Entscheidung!» Die drei tauschen Blicke aus, und in ihren Augen spiegelt sich Entsetzen.

Während sich die Freunde beraten, hält sich der Spielmann Jeck scheinbar unbeteiligt in der Nähe auf und flötet ein lustiges Liedchen, das Margarethe an mittelalterliche Hofmusik erinnert.

«Den Gecken können wir doch löchern mit Fragen!», schlägt Rudy mit leuchtenden Augen vor. «Gute Idee, der weiss sicher viel», pflichtet ihm Seraina bei und ist gerade im Begriff, sich an den Genannten zu wenden, da hält Margarethe sie zurück und flüstert: «Pass auf, was du sagst; frag bloss nicht, in welchem Jahr wir uns befinden, sonst denkt der, wir spinnen!» Seraina nickt und spricht Jeck an: «Guter Mann, wir waren vorhin dort oben auf dem Lindenhof, und wir vermissen das römische Kastell.» Jeck schickt ihr einen prüfenden Blick: «Ihr meint die Pfalz der Zähringer Reichsvögte, jedoch seid Ihr zu jung, um diese Festung zu kennen! Die Pfalz der Römer wurde vor zweihundert Jahren umgebaut, als die neuen Stadtherren an die Macht kamen. Geschleift wurde diese Stadtburg bereits vor fünfzig Jahren.» Rudy und Margarethe tauschen Blicke aus. «Das gibt uns einen Hinweis, in welcher Zeit wir uns tatsächlich befinden», bemerkt Rudy, gespannt wie ein Detektiv. – «Ja, vorausgesetzt, wir wissen, wann das Ding geschleift wurde», gibt Margarethe zu bedenken, aber da spricht Jeck bereits weiter: «Anno 1218 wurden die Mauerreste entfernt, ein Teil ist seit geraumer Zeit ein Friedhof, und seit fünfzig Jahren streiten sich die Zürcher Bürger darum, was mit dem Platz geschehen soll.» Rudy grinst. «Das klingt ja wie heutige Politik, ich meine, im 21. Jahrhundert. Die disputieren auch ewig um jeden Parkplatz.» Auf Jecks verwunderten Blick beschwichtigt Seraina: «Es geht aber auch wirklich um einen sehr schönen Ort, Rudy. Das könnte ein wunderbarer Aussichtspunkt sein, an welchem sich die Zürcher Bürger treffen können und auf die Stadt blicken.» Jecks Gesicht hellt sich auf: «Ihr sprecht grossartige Dinge aus! Ich werde davon singen und den Bürgern und Ratsherren raten, die Pfalz zum Lob der Schönheit unseres Zürichs zu nutzen.» – «Gute Idee!», bestärkt ihn Rudy. «Das wird den Touristen gefallen.» – «Was sprechet ihr von Turisten, die Stadt hiess Turicum?», wundert sich Jeck. – «Ist mir gar nie aufgefallen, dass die Touristen alle aus Zürich kommen!», kichert Seraina.

«A propos aufgefallen», bemerkt Rudy. «Habt ihr begriffen, in welchem Jahrhundert wir gelandet sind?» Die beiden Mädchen nicken und sprechen unisono: «Im dreizehnten!» Für einen Moment schweigen alle drei und sehen sich mit einer Mischung aus Furcht und Ehrfurcht an.

Dann überwinden sie den ersten Schock und folgen Jeck, der sich langsam weiterbewegt durch die engen Gassen der Altstadt. Unterdessen sind sie an die Limmat gelangt. Dort sieht es ganz ungewohnt aus. «Könntet Ihr uns sagen, wie dieser Turm heisst?», wendet sich Margarethe an Jeck mit unverhohlener Neugier – «Mit dem grössten Vergnügen», entgegnet dieser und flötet ein paar Töne. «Wir befinden uns vor dem Kornhaus; gewahret die Brücke, und dies hier ist der Rote Turm. Er ist ein Vertreter der Wohntürme, auf die wir Zürcher Bürger sehr stolz sind. Mit Stolz erfüllt unsere Herzen auch unser Rathaus, das Ihr dort am rechten Brückenkopf erblicken könnt.» – «Wahnsinn!», keucht Seraina. «So sah die Gemüsebrücke damals aus. Und der

Rote Turm steht da, wo das Hotel Storchen stehen sollte. Das edle Teil.» Jeck mustert sie verwirrt, aber Margarethe fragt ihrerseits: «Der Kirchturm da oben, gehört der zum St. Peter?» Rudy ruft: «Und über der Limmat, das muss das Grossmünster sein, oder?» Jeck dreht seinen Kopf hin und her, als wisse er nicht, wem er zuerst antworten soll: «Ihr Fremden machet mir den Kopf schwirren! So viel fräget Ihr!» Leise murmelnd fasst er sich und erklärt dann nicht ohne Stolz: «Gross ist die Zahl unserer schönen Kirchen; erhaben thronen sie auf Hügeln in der Stadt. Gewahret dorten die Kirche zu Sankt Peter hinter uns. Das frühromanische Gotteshaus wurde ersetzt und mit einem massiven Chorturm und einer Sakristei ergänzt. Über den Fluss Limmat gewahret die Kirche zu Grossmünster, welche bereits die sechste Bauphase erlebt hat.» – «Die Türme sind komisch», bemerkt Seraina, was ihr einen missbilligenden Blick des Stadtführers einbringt. «Na ja, die sollten doch höher sein und Kuppeln haben.» – «Unfug», brummt Jeck. Margarethe versucht ihn zu beschwichtigen: «Ein besonderer Ort ist es, wo die drei Märtyrer gestorben sind – Felix, Regula und Exuperantius.» Diese Bemerkung erfreut den Zürcher aus dem 13. Jahrhundert, aber bevor er zu einer Replik ausholt, lenkt Rudy ab: «Dort vorne ist ja auch schon das Fraumünster, oder? Mann, sieht das anders aus – mit zwei Türmen!» Margarethe schnappt nach Luft: «Das hat ja noch beide Türme! Das ist ja der Hammer!» Tatsächlich erheben sich direkt an der Limmat südlich des Roten Turms zwei mächtige Türme. «Wie Ihr sehet, überragt der Nordturm den älteren Südturm», erklärt Jeck. «Der Nordturm wurde in meiner Eltern Kindheit erbaut, in den Jahren 1220 bis 1230, und wir sind sehr stolz auf ihn. Vor siebzehn Jahren wurde das Querschiff verändert, und die Rundbogenfenster wurden durch Spitzbogenfenster ersetzt, die zum Himmel zeigen.» – «Also der Wechsel vom romanischen zum gotischen Stil», fügt Rudy triumphierend hinzu.

Jeck wirkt irritiert, und Seraina stösst Rudy an: «Diese architekturgeschichtlichen Begriffe sind, glaube ich, aus neuerer Zeit; das kannten die damals noch gar nicht.» Rudy brummt: «Ich werde grün und blau sein, wenn du mich weiterhin die ganze Zeit boxst!» – «Ihr Quatschköpfe!», schilt sie Margarethe und löchert Jeck: «War nicht St. Denis bei Paris die erste gotische Kirche? Das muss im 12. Jahrhundert gewesen sein.» Jeck reagiert erfreut: «Ah, Saint Denis, eine prachtvolle Kathedrale, die uns Inspiration für unser Fraumünster war. Darum hatten wir 1250 in Zürich mit dem Umbau begonnen.» – «Aber die Krypta ist alt, nicht wahr?» – «Der Kryptaboden enthält eine Gruft mit zwei Kammern, in welchen die Gebeine unserer Stadtheiligen beigesetzt sind, ebenso jene der ersten beiden Äbtissinnen», verrät Jeck, und Rudy kann es nicht lassen: «A propos Gebeine: Typisch für die Gotik sind doch die skelettartigen Zwischenmauern, die man auch bei Notre-Dame in Paris sieht.» Wieder wirkt Jeck verärgert, worauf Seraina ablenkt: «Der Münsterhof sieht so neu aus, wurde der erst kürzlich gestaltet?» – «Erst vor sechs Jahren wurden die alten Häuser abgerissen», berichtet dieser. «Die Zürcher Bürger wünschten sich einen freien Hof.»– «Und seit 2019 ist der Münsterhof komplett autofrei – wer hätte das gedacht, dass das jemals wieder wahr wird», triumphiert Rudy. «Alle Parkplätze wurden aufgehoben; stellt euch das mal vor! Und in der neusten NZZ stand sogar, dass sie Bäume pflanzen und den Münsterhof zum zweiten Lindenhof machen wollen.» Jeck schüttelt den Kopf. «Wunderliche Dinge sprechet Ihr, aber wir sind angelangt bei der Residenz unserer ehrwürdigen Frau Äbtissin.»

Wo sonst finden sie die Äbtissin, wenn nicht bei der Fraumünsterkirche? Nun stehen die drei Teenager mit offenen Mündern wie Schafe vor dem Fraumünster und bewundern die zwei Türme. Rudy ist wieder einmal der Zielstrebigste von den dreien und spricht trocken: «Na, fertig geglotzt, lasst uns eintreten und die Chefin sprechen! … Nun ja, wie spricht man eine Äbtissin richtig an? … Hochwohlgeborene? Eure Hoheit? Exzellenz? … Keinen blassen Schimmer, aber egal, folgt mir, ich will endlich wissen, wie wir unser Zürich wiederkriegen!» Er marschiert schnurstracks zum Haupttor des Fraumünsters. Margarethe rennt ihm nach und packt ihn am Ärmel. «Warte. Ich möchte zuerst noch ein, zwei Dinge klären.» Sie wendet sich an Jeck: «Wie war das jetzt mit der Stadtherrin? Welche Macht hat die Äbtissin über Zürich?» Schmunzelnd antwortet ihr Jeck: «Habet Ihr nicht in der Schule gelernet, dass die Äbtissin schon vor hundert Jahren den König als Münzherrin ersetzt hat und als Reichsfürstin gilt? Oder gehört Ihr nicht dem Stande der Adligen an und habt keinen Schulunterricht erfahren?» – «Doch, doch, natürlich!», erwidert Seraina schnell, und Jeck fährt fort: «Seit über zehen Jahr ist Mechthild von Wunneberg Äbtissin des Fraumünsterstifts. Sie stammt aus einem Freiherrengeschlecht im Thurgau, und das Schicksal des stolzen Staufergeschlechts vollendete sich in ihrer Amtszeit.» Auf die fragenden Blicke fügt er mit einem Grinsen hinzu: «Mit der Unerbittlichkeit einer antiken Tragödie, wenn ich das so ausdrücken darf.» – «Ich verstehe nur Bahnhof», äussert sich Seraina. Jeck ergänzt: «Friedrich der Zweite wurde als Erzketzer exkommunziert, starb um 1250 im Vollbesitz seiner Macht und wurde bestattet neben seiner Mutter Konstanze – im prachtvollen Porphyrsarkophag. Die Fehde war damit jedoch nicht beendet. Papst Innozenz der Vierte und seine Nachfolger duldeten keinen Spross des verfluchten Hohenstaufengeschlechts auf dem Thron der Könige und Kaiser, und so gelang es den Söhnen Friedrichs nicht, ihre Ansprüche auf den Thron durchzusetzen. Der Rat von Zürich und Graf Rudolf von Habsburg wandten sich ab von den Stauferprätendenten. Friedrichs Kontrahent, der Gegenkönig Richard von Cornwall, stellte die Abtei, das Chorherrenstift und die Stadt unter seinen Schutz.»

Fasziniert hängt Rudy an Jecks Lippen: «Mein Namensvetter spielte also bereits eine wichtige Rolle in dieser Intrige. Aber waren diese Zusicherungen des Engländers das Pergament wert, auf das sie geschrieben waren?» Grinsend schüttelt Jeck seinen Kopf. Jetzt wird Margarethe ungeduldig: «Das geht mir zu weit und hat auch nichts mit unserer Sache zu tun! Wir wissen jetzt, dass wir es mit der Reichsfürstin zu tun haben, also müssen wir jetzt endlich handeln und sie informieren, bevor Zürich untergeht!» – «Mäggy hat Recht. Jetzt ist wirklich nicht der richtige Moment für historische Exkurse», pflichtet ihr auch Seraina bei. «Wir haben da wirklich Wichtigeres zu tun, als zu fachsimpeln, so interessant es für dich auch ist!» – «Okay okay, bin ja schon still», lenkt Rudy ein. Dann hämmert er mit der rechten Faust auf das schwere Tor. – «Das nennst du still? Hey, nicht so arg, sonst kommst du noch wie Martin Luther in den Knast!», warnt Margarethe, während Seraina die Augen verdreht und beide zur Vernunft bringt: «Haltet inne. Rudy: Du bleibst draussen, das ist ein Frauenkloster! Margarethe, lass mich mal ran.» Seraina tritt zum Tor und ruft jämmerlich: «Lasset uns ein, barmherzige Schwestern! Wir sind arme Waisen, hungrig und durstig!» – Rudy kann ein Grinsen nicht verkneifen und kichert: «Barmherzige Schwestern, das tönt wie auf den Bettelbriefen, die meine Eltern dauernd kriegen.» Margarethe will gerade etwas sagen, als ein Guckfenster im Tor aufgeht. – «Wie praktisch!», entfährt es Rudy. – «Pscht!», macht Margarethe.

Die misstrauischen Augen einer Frau mustern die Teenager. Sie senkt ihr Haupt, schliesst das Guckfenster und öffnet eine normal grosse Tür im Tor. Jetzt steht die Nonne vollständig sichtbar vor den Teenagern – das heisst, sie trägt einen Habit, der nur ihr Gesicht freilässt, aber nicht einmal den Haaransatz zeigt. Sie hebt ihr Haupt und zeigt mit der rechten Hand auf Margarethe und Seraina. Dann dreht sie sich um und verschwindet im Dunklen. – «Sollen wir rein?», fragt Margarethe an Seraina gewandt. Und bevor Rudy etwas einwenden kann, sind beide im Fraumünster verschwunden. Die Tür fällt ins Schloss. «Na super, erstklassig. Jetzt steh ich allein in der Sch… ich meine, im Dreck…», murmelt Rudy und begibt sich zum Limmat-Ufer. Jeck ist mittlerweile verschwunden, was Rudy überrascht. Doch es kommt ihm ganz gelegen, denn er kann alleine besser nachdenken – und da gibt es einiges, was in seinem schlauen Hirn herumgeistert.

Die Pförtnerin führt die beiden Mädchen schweigend durch den Kreuzgang hindurch bis zu einer schlichten Tür. Sie klopft an. Eine weitere Nonne macht ihr auf. Sie spricht mit leisem Wispern ein paar Sätze, die andere Nonne nickt und winkt die beiden Mädchen herein in einen Saal, der vermutlich der Esssaal ist, denn der grosse Tisch in der Mitte ist reichlich gedeckt. Etliche Nonnen sitzen dort und essen schweigsam. Und am oberen Ende thront eine aufrechte, stolze Gestalt … die Äbtissin des Fraumünsters, Mechthild von Wunneberg. Auch sie trägt einen Habit, aber dieser ist farbiger als die ihrer Mitschwestern und prunkvoller, da aus edlerem Stoff und mit Goldfäden durchwirkt. Sie wirkt eher wie eine Königin als wie eine Klosterfrau.

Margarethe und Seraina erstarren vor Ehrfurcht. Die Pförtnerin verschwindet wieder, die Aufseherin des Esssaals heisst die beiden, sich zur Äbtissin zu setzen. Den beiden ist mulmig zumute, doch dann spricht die Esssaalwächterin: «Warum esset und trinket Ihr nicht?» – Margarethe muss ein Grinsen unterdrücken, denn sie denkt an Luthers Schrift, wo steht: *Warum rülpset und furzet Ihr nicht, hat es Euch nicht geschmecket?* – Seraina, wieder einmal die Mutigere von den beiden, spricht die Äbtissin direkt an: «Gnädigste Herrin. Wir sind gekommen, um Zürich von einem Unheil zu warnen. Glanzenberg soll Pläne schmieden, um Zürich platt… ich meine, anzugreifen.» Alle sitzenden Klosterfrauen unterbrechen ihr Mahl und schauen besorgt auf. Die Aufseherin erklärt schnell: «Ein Schweigegelübte verschliesst unserer Mutter Priorin den Mund, kleine Dirn!» Gerade will Margarethe wütend kontern, dass sie beide keine Prostituierten seien, da fällt ihr Seraina ins Wort: «Dirnen für Mädchen, ja, das ist korrekt damals, pscht, lass mich machen.» Und etwas lauter richtet sie eine Frage an die Äbtissin: «Bitte nicken Sie, wenn

Folgendes zutrifft: Unser Bruder, der nicht herein durfte, sagt, wir schreiben das Jahr 1267. Ist das korrekt?» – Die Klostervorsteherin nickt tatsächlich. – Dann fragt Seraina weiter: «Ist Glanzenberg eine feindliche Stadt?» – Wieder ein Nicken. – «Wenn es Krieg geben sollte, wer hier in Zürich kann das verhindern? Sie?» – Die Priorin bleibt bewegungslos. Margarethe indes verdreht die Augen und flüstert Seraina entnervt ins Ohr: «Was wird das? Eine Quizsendung? … Hey, während wir hier den Schuss ins Blaue wagen, wächst Rudy draussen ein grauer Bart, und ich sehe bald rot und für Zürich schwarz. Ich muss nämlich mal dringend, ziemlich sogar.» – Seraina beschwichtigt sie mit leichtem Auf und Ab ihrer rechten Hand, dann wendet sie sich wieder der Äbtissin zu: «Wer kann uns helfen, ein Habsburger vielleicht?» – Der Schuss ins Blaue erweist sich als goldrichtig, die Priorin nickt. – Des Ratespiels überdrüssig, fragt Margarethe, zur Saalwächterin gewandt: «Wie heisst der Mann, wo finden wir ihn?» – «Der edle Herr heisst Graf Rudolf und ist Gast der Ratsherren von Zürich. Im Stadthaus Ihr sie findet, kleine Dirn.» – Margarethe ist hin und her gerissen zwischen dem Ärger über die «Dirn» und dem Tatendrang, jetzt und sofort aus dem Fraumünster zu türmen – durch welchen der beiden Türme würde ihr keine Rolle spielen, Hauptsache, hinaus! Doch die Ungeduldige muss sich arg zusammennehmen und Seraina machen lassen. Um sich abzulenken, kostet Margarethe von den Leckereien auf dem Tisch und trinkt einen Becher kristallklares Quellwasser. Eine der anwesenden Nonnen freut sich und lächelt, als sie bemerkt, dass es Margarethe mundet.

Weil sie mit Speis und Trank beschäftigt ist, um ein dringenderes Bedürfnis auszublenden, verpasst Margarethe wichtige Informationen, die Seraina unterdessen von der Aufseherin erhält. Seraina verabschiedet sich anschliessend höflichst von der Äbtissin und den Nonnen, dankt für Speis und Trank sowie für die Wegzehrung, die ihnen mitgegeben wird, und lässt sich noch von der Pförtnerin den Weg zum Stadthaus erklären. «Noch eine Minute länger und ich flippe aus! Ich muss dringend!», zischt Margarethe zwischen den Zähnen. Seraina versucht, ihre Freundin erneut zu beruhigen, doch jetzt merkt sie, dass nur noch die Flucht nach vorne hilft. Also nichts wie raus! Beide stolpern nach einem kurzen «Wiederluege» aus jener Tür, durch die sie hineingelangt sind, und rennen Rudy fast über den Haufen.

Während Margarethe hastig hinter Büschen am Limmatufer verschwindet, redet Seraina auf Rudy ein, der sich kaum erwehren kann: «Halt Stopp! Alles der Reihe nach! Ich wünschte, du hättest dir ein Schweigegelübte auferlegt und nicht die Äbtissin sich selbst. Keine Sau versteht etwas. Ich soll zur Habsburg rennen und die Schafe von Konstanz und Basel zusammentreiben?» – Seraina lacht und erklärt: «Nein, Graf Rudolf von Habsburg ist hier in der Stadt, er bespricht sich mit den Ratsherren von Zürich. Laut der einen Nonne soll es ein Problem mit Glanzenberg geben, bei dem er vermitteln soll. Und die Bischöfe, nicht Schafe, von Konstanz und Basel sollen demnächst zur Vermittlung hinzugezogen werden. Da ist was im Busch… und ich muss auch langsam hinter die Büsche, wie Mäggy…» Da lacht Rudy laut und meint: «Okay, begriffen! Und wenn du dich in die Büsche schlägst, dann halte dich links, denn rechts oben habe ich bereits zugeschlagen, rechts unten hockt Mäggy! Und warte: Lass die Fressbeutel hier! Hab einen Bärenhunger!» – Seraina drückt ihm lachend die Beutel in die Hand und sucht sich einen Busch für die Notdurft.

# 5
# Das Jahr 1267

Nachdem die drei Teenager vergeblich versucht haben, im Stadthaus die Ratsherren von Zürich und Graf Rudolf von Habsburg zu überzeugen, dass sie für das Schicksal der Stadt Zürich von Nutzen sein könnten, stehen sie nun wieder missmutig auf der Strasse. «Mein Namensvetter und die Ratsherren von Zürich sind sowas von hilfsbereit!», meint Rudy ironisch und fügt sarkastisch hinzu: «Wenn nicht mein eigenes Leben auf dem Spiel stünde, würde ich diesen edlen Glatzenträgern persönlich Glanzenberg auf den Hals hetzen! Die haben uns nicht mal empfangen! Unglaublich, dabei sind wir ja hier, um das drohende Desaster zu verhindern! Sollen wir in Zukunft bei jeder Zeitreise ein Zwischenzeugnis verlangen, dass wir Meister der Zukunftswiederherstellung sind?» – Margarethe und Seraina lachen laut auf, da stimmt Rudy ins Gelächter mit ein. Margarethe keucht: «Immerhin haben wir etwas zu lachen, wenn schon dieser Weg nach Glanzenberg lang und beschwerlich ist – nach dieser frustrierenden Erfahrung mit den Zürcher Ratsherren, die uns überhaupt nicht ernst genommen haben.»

Die Stadt Zürich haben sie schon weit hinter sich gelassen. Nach einer Weile halten die drei inne und schauen sich um, doch vor lauter Bäumen sehen sie nur ein paar Meter ihres Weges. «Zum Glück hat einer der Ratsherren, während die andern uns ausgelacht haben, gesagt, wir sollten das Schwert von Glanzenberg aus der Burg von Glanzenberg rausholen, wenn wir wirklich was für Zürich tun wollten.» – «Ja, immerhin wissen wir, was wir tun können! Auch wenn der Typ das sicher nur vorgeschlagen hat, um uns zu verspotten. Wie soll er auch wissen, dass es ja unsere Spezialität ist, Schwerter zu klauen und damit wieder alles zurechtzubiegen!» – «Und dank der digitalen Rekonstruktion von Glanzenberg im Landesmuseum wissen wir ja, dass Glanzenberg aus einer Burg auf einem Hügel und einer Stadt am Fusse desselben Hügels besteht. Das wird ja nicht so schwer zu finden sein, zumal das Ganze an der Limmat liegt, westlich von Zürich», erinnert sich Rudy. Margarethe fügt hinzu: «Ja, alles der Limmat entlang gen Westen. Nur… uns fehlt Plonk. Ohne Rabe kein Schwert…» – «Ach was, der taucht sicher auf, sobald wir dieses verflixte Schwert haben! Aber lasst uns erst mal dieses Glanzenberg finden! Eins nach dem andern, wir werden einen Weg finden. Bleiben wir einfach nah am Limmatufer und gehen flussabwärts, dem rechten Ufer entlang, so können wir weder Stadt noch Burg Glanzenberg verfehlen», macht Seraina den andern Mut.

Gesagt, getan. Zielstrebig geht es weiter durch Wald und Sumpf, doch die Nacht bricht herein. «Mist, jetzt müssen wir draussen pennen, mit all den Bären, Wölfen und Wegelagerern um uns rum… das wird noch unser „Blue Witch Project“ – wie im Wackelfilm jener Jugendlichen, die dieses Horror-Video gedreht haben.» – «Hast du den Schrottfilm etwa geschaut, Rudy?», fragt Seraina ungläubig. – «Hey, das ist Kult, echt mal was anderes als die gestrählten Hollywoodfilme. Und ja, wir hätten in Zürich bleiben und in einer Herberge übernachten sollen!» – «Im Scharwenzelnden Pony, wo uns die dementen Toren überfallen…», frotzelt Margarethe, und Rudy kontert: «Stopp, vermische nicht den „Magier der Ringe“ mit „Harry Protzer“, gell! Beides geile Filme, aber halt gestrählt.» – «Mich strählt was anderes! Diese eisige Brise, die macht mir schon etwas Mühe. 1267 scheint der Klimawandel definitiv noch kein Problem zu sein, es ist arschkalt!», beschwert sich Margarethe. Und wie immer meldet sich Seraina mit einer sehr praktischen Idee: «Hallo Leute, da, wo der umgekippte Wurzelstock dieser grossen Tanne liegt, da ist ein Loch im Boden…» – «Und drin klemmt ein Hobitt», fügt Margarethe schlotternd hinzu. – «Nein, ich meine, hier können wir übernachten, das ist gross genug, zudem können wir einige der abgebrochenen Äste darüberlegen, so sind wir vor Tier, Mensch und Wind geschützt.» Gesagt, getan, doch das Nachtlager erweist sich dennoch als sehr ungemütlich.

Die drei Freunde machen sich vor der Bettruhe noch über die Wegzehrung her, die sie von den Nonnen erhalten haben. Ein paar Schokoriegel aus ihren Rucksäcken gibt es zum Nachtisch. «Gebt mir die Papierli, ich habe von meinem Papa eine kleine, waschbare Mehrweg-Mülltüte für den Rucksack geschenkt bekommen. Die kann ich jetzt gut gebrauchen, Abfalleimer finden sich hier wohl keine», meint Margarethe schläfrig und gähnt. Das wirkt ansteckend, Rudy und Seraina tun es ihr gleich, und bald sind alle drei schläfrig und versuchen mehr schlecht als recht, ein Bett herzurichten – die Jacken als „Matratze", die Pullover als „Kopfkissen". «Mann ist der Boden hart!», beschwert sich Rudy. Auch die Mädchen stöhnen.

Ein «Uuuuuh – u-u-u-uuuuuh!» durchbricht die Stille. Durch die Tannenäste hindurch schimmern die Sterne, in der Mulde ist es nicht nur unbequem, sondern auch kalt. Die drei Freunde finden keinen Schlaf. Vor lauter Kälte kuscheln sie sich enger zusammen, obwohl ihnen die ungewohnte körperliche Nähe etwas unangenehm ist. Während Rudy und Seraina über ihre Lage grübeln, schweifen Margarethes Gedanken zum Sternenhimmel. «Man sieht so viele von ihnen, viel, viel mehr als zuhause, ich meine in der Zukunft, in unserer Zukunft», raunt sie. «Hä?», macht Rudy. – «Die Sterne!» – «Ach so, ja, ohne Lichtverschmutzung sieht man auch die kleinen Sterne, darum wirkt es so, als gäbe es mehr Sterne. Und schau, das Puderartige, das ist kein Nebel, das ist die Milchstrasse», erklärt Rudy, doch er ist zu müde, um die Hand danach auszustrecken. «Ich war mal mit meinen Eltern in der Sahara, da sieht's nachts auch so aus, eben, wenn die hell erleuchteten Städte fern…», flüstert Rudy, beendet den Satz aber nicht. – «Rudy?» – «Er ist eingeschlafen», stellt

Seraina fest und dreht sich zur Seite. – «Uuuuuh – u-u-u-uuuuuh!», wiederholt sich der Waldkauz. Dann ein Rascheln, ein Japsen. Margarethe ist hellwach. Ein Fuchs oder gar ein Wolf? – Rudy und Seraina schlafen unbeeindruckt. In der Ferne bellt ein Reh, um andere Rehe zu warnen. Dazwischen sind die Kontaktlaute von Hirschkühen zu hören, die ihre Kälber rufen – es tönt wie ein rostiges Rad im Wind. Margarethe läuft es kalt über den Rücken, denn instinktiv fühlt sie, dass dies bedeutet, dass ein Raubtier in der Nähe ist. Das Wild ist unruhig. Doch irgendwann legt sich wieder Totenstille über den Wald. Und plötzlich durchbricht ein Geheul die Stille, das Margarethe das Blut in den Adern gefrieren lässt. Es tönt wie eine Mischung aus Schmerz und Sehnsucht. Weitere Tiere stimmen ins Gejaule ein, nun ist ein ganzer Chor am Heulen. Ein Wolfsrudel! Es versammelt sich zur Jagd! Margarethe fühlt etwas, das sie seit ihrem Kelten-Abenteuer in Gestalt eines Hirsches nie mehr wahrgenommen hat. Erschaudernd und fasziniert zugleich fühlt sie sich eins mit der Natur. Die Angst weicht aus ihrem Herzen und macht Platz für etwas, was ganz tief in jedem Menschen verborgen ist: die Einheit mit allem Lebendigen.

Sie kann sich nicht mehr erinnern, wann sie eingeschlafen ist, doch Seraina weckt sie, als sie zurückkommt von einem kurzen Austritt. «Pipi sollte ich auch», röchelt Margarethe schlaftrunken, «Aber ich hab Schiss.» – «Da draussen ist nichts», beruhigt Seraina sie. Rudy dreht sich um und grummelt: «Pennt doch weiter, bin müüüüüde…» Und er schläft wieder ein. Margarethe schleicht sich aus der Mulde und schaut sich um. Es ist erstaunlich hell draussen. Erst jetzt erkennt sie die ganzen Ausmasse der Milchstrasse. Es ist ein umwerfender Anblick. Es wirkt, als würde sie wie ein riesiger Strom aus Sternen über den Himmel fliessen. Margarethe findet am umgestürzten Stamm einen guten Platz für die Notdurft. Schnell hüpft sie dann zurück in die Mulde. Ihr Herz klopft ihr bis an den Hals rauf, ihre Einheit mit allem Lebendigen ist vorbei. Sie fürchtet sich wieder. «Uuuuuh – u-u-u-uuuuuh!», wiederholt sich der Waldkauz zum x-ten Mal.

Die ersten Sonnenstrahlen gelangen in die Mulde, wo die drei Freunde die Nacht verbracht haben. – «Meine Fresse! Unsere Beutel sind ja leer und mein Magen auch. Habt ihr gestern alles vertilgt? Wenigstens haben wir noch etwas zu trinken. Ich hoffe, die haben ein gutes Wirtshaus in Glanzenberg!», ruft Rudy aus, nachdem er sich den Schlaf aus den Augen gerieben und die leeren Fraumünster-Beutel zurück in seinen Rucksack gestopft hat. Die drei Freunde löschen gierig ihren Durst. Kurz darauf stapfen die drei drauflos. – «Wo soll Glanzenberg schon wieder liegen? Auf einem Hügel oberhalb einer Limmataue?» – «Genau», erwidert Seraina, «also eigentlich steht dort nur die Burg, die Stadt selber liegt an der Limmat unten. Die Erbauer von Stadt und Burg Glanzenberg sind scheints die Herren von Regensberg, Vater und Sohn. Zumindest hat einer im Stadthaus im Zusammenhang mit Glanzenberg diesen Namen erwähnt. Wenn sie uns schon nicht ernst genommen haben, wenigstens haben sie uns erklärt, wer was macht.» – «Gut, hast du das mitbekommen, Raina! Ich habe zwar auch zugehört, aber irgendwie keinen roten Faden gefunden, an den ich mich klammern konnte. Hab nur Bahnhof verstanden», fügt Margarethe hinzu. – «Bahnhof Glanzenberg», kichert Rudy. – Seraina überhört es und lächelt Margarethe zu: «Wenn es allzu kompliziert wird, begreife ich die Zusammenhänge auch nicht mehr; ich bin da kein wandelndes Lexikon wie Rudy, der sich an unnützes Wissen erinnert, das schlussendlich doch irgendwie nützlich ist.» Margarethe seufzt: «Und ich bin Meisterin im Zeitreise-Falltüren finden und Reinplumpsen!» – Kaum hat sie das gesagt, bleibt Rudy stehen und ruft: «Hey, hört ihr das?» – «Was?» – «Das Plätschern! Da ist irgendwo eine Quelle! Lasst uns die Flaschen auffüllen. Hungrig sein ist schon schlimm genug, aber durstig sein ist grässlich!»

Die drei Freunde begeben sich auf die Suche nach der Quelle und finden sie schliesslich an einem moosbewachsenen Felsen aus lockerem Gestein mitten im finsteren Wald. Kristallklares Wasser entspringt einem Felsspalt. Zuerst laben sie sich daran, dann füllen sie die Flaschen auf. «Das tut gut!», meint Rudy erleichtert, als er seinen Durst gelöscht hat. – «Dazu getrocknete Aprikosen, das wär's! Das haben wir immer auf unseren Wanderungen dabei, mein Papa und ich», schwärmt Margarethe. Und Seraina träumt von einem leckeren Birchermüesli. Rudy unterbricht die kulinarischen Träume seiner Begleiterinnen und bläst zum Aufbruch. Beide Mädchen folgen ihm stöhnend.

«Hey, da oben, eine Burg!», ruft Rudy. Die drei Teenager bleiben stehen und schauen einen Hügel hoch, der komplett abgeholzt ist. Zuoberst thront eine stolze, aber kleine Burg. Eigentlich ist es bloss ein Steinturm, umgeben von einer hohen Wehrmauer und weiter draussen von einem riesigen Erdwall. Sie wirkt neu, besonders der oberste Stock aus Holz, der wie ein viereckiges Ufo mit Spitzdach auf dem Steinturm hockt. «Das sieht irgendwie ziemlich provisorisch aus; ich hatte mir die Burg Glanzenberg prunkvoller vorgestellt», äussert sich Margarethe enttäuscht und versucht sich an die digitale Rekonstruktion im Landesmuseum zu erinnern. – «Ja, ist wirklich winzig, die ganze Anlage – wenn man an die imposanten Stadtmauern von unserem Zürich denkt mit den vielen Türmen», fügt Seraina hinzu. – «Wir haben eindeutig die grösseren!», spricht Rudy stolz, und die Mädchen kichern. «Habt ihr das etwa wieder zweideutig verstanden, ihr verdorbenen Seelen?», tadelt er sie. Margarethe wird nachdenklich: «Dass so eine kleine Burg eine ernsthafte Gefahr für Zürich ist, fällt mir schwer zu glauben.» – «Erinnerst du dich nicht an das, was uns der Kurator in der Ausstellung erzählt hat?», räsoniert Rudy. – «Doch, aber ich erinnere mich nicht mehr genau, wie das war», gesteht Margarethe kleinlaut, während Seraina einen Laut der Erkenntnis von sich gibt: «Richtig, er hat uns erzählt, dass die Regensberger im 13. Jahrhundert anfingen, Glanzenberg zu bauen, und das muss nur so zwanzig oder dreissig Jahre her sein jetzt. In so kurzer Zeit stampfst du keine grosse Stadt aus dem Boden.» – Margarethe sinniert: «Wegen der Handelsrouten war das doch, aber der Gotthard ist fern…» – «So fern auch wieder nicht, wenn man in Rabenflugstunden denkt», erwidert Seraina in Erinnerungen an ihr letztes Abenteuer. – «Sie wollen den Zürchern das Wasser abgraben, diese Regensberger Gauner!», fügt Rudy hinzu. «Diese Unverschämtheit muss verhindert werden!»

«Und wie sollen wir da rein? Anklopfen und fragen, ob wir das Schwert sehen dürfen, und dann so wie im Landesmuseum die Fliege machen?», fragt Margarethe die beiden andern. – «Hier bleiben und Panik schieben ist auch keine Alternative», fügt Rudy hinzu und blickt zu Seraina: «Hat Frau Luchsohr einen Plan?» – Seraina funkelt ihn finster an, da meint Margarethe: «Nun ja, wir könnten…» – «Was könnten wir?», fragen die andern beiden wie aus einem Mund. – «… sagen, dass wir Informationen über Zürich haben. Die Herren von Regensberg würden uns dann reinlassen. Du, Seraina, verwickelst sie in ein Gespräch, während Rudy und ich dank eines Vorwands die Burg durchsuchen. Gross ist sie ja nicht, das haben wir schnell.» – «Was für ein Vorwand?», fragt Rudy mit einem miesen Gefühl im Bauch. – «Pipi, du Lappi!» – «Na klar, die Damen gingen ja auch nachts ein Dutzend Mal für kleine Mädchen!», frotzelt Rudy und grinst. Serainas Blick verfinstert sich wieder, und sie fängt an: «Du hast gut reden, mit deinem…» Doch Margarethe verhindert die Eskalation, indem sie beginnt, den Hügel zu erklimmen. «Hey, warte auf uns!», rufen die Zurückgebliebenen.

Oben angelangt, erkennen sie, dass der Erdwall eigentlich ein Doppel-Wall ist. Dazwischen ist ein Burggraben angelegt worden. Eine Holzbrücke ohne Geländer führt hinüber zur Burg, streng bewacht von schwer bewaffneten Männern. Den Teenagern wird mulmig zumute. Margarethe schaut zurück, den Hügel hinunter, und flüstert: «Hey, schaut, da unten ist die Stadt Glanzenberg, vor lauter Bäumen im Tal haben wir sie nicht gesehen.» – Seraina antwortet: «Egal, das Schwert ist in der Burg Glanzenberg, nicht in der Stadt. Und jetzt können wir eh nicht mehr zurück, einer der Wachen kommt auf uns zu!» Alle drei schauen wieder Richtung Burg und bemerken den Mann, der sich in Bewegung gesetzt hat, seine schweren Waffen mit grossen Pranken umklammernd: die linke Hand am Schwertgriff, wobei die Klinge in einem Schaft am Ledergurt steckt; die rechte Hand an einer Art Hellebarde, die er aufrecht hält.

Seraina geht dem Bewaffneten mutig entgegen und spricht: «Wir haben wichtige Kunde für die Herren von Regensberg! Wir haben Graf Rudolf von Habsburg belauscht. Was ist es den Herren wert? Wie viele Goldstücke?» Die Wachen schauen sich die drei Teenager an und lachen wie aus der Pistole geschossen. «Jetzt rufen sie den Boss an und lassen uns in den Kerker sperren. Und morgen geht's in die Folterkammer! Wetten?», flüstert Rudy Margarethe ins Ohr. Diese kichert und kontert: «Anrufen, mit was? Schon vergessen: keine Handys, kein Netz.» Und sie fügt hinzu: «Aber ja, das mit der Folterkammer könnte hinkommen, die gab es schon, urgs.»

Doch die lachenden Wachen lassen sich erweichen. Einer geht in die Burg und berichtet seinem Herrn von den vorlauten Jugendlichen. Und schliesslich empfängt sie tatsächlich Lütold VI. von Regensberg zuoberst in der Burg. Er ist wahrlich ein edler Herr in feinstem Gewand, geschmückt mit reichlich Edelmetall an Fingern und Hals. Die Teenager stehen ehrfurchtsvoll da. «Nun, Kunde Ihr mir bringet aus Zürich? Mein Bruder Ulrich weilet gerade in Zürich und verhandelt mit dem Habsburger Grafen. Nun lasset hören, was Ihr belauscht, und ich entscheide, ob ich Euch belohnen oder ins Verlies stecken werde.» – «Hab's ja gesagt, Folterkammer», flüstert Rudy. – «Pscht, lasst mich machen», beschwichtigt Seraina und beginnt, auf Lütold VI. einzureden. Rudy und Margarethe staunen über Serainas Wortgewandtheit. «Kühn ist Euer Plan, die Verkehrsachse vom Rhein bis zum Gotthardpass auszubauen, aber die Zürcher haben Wind von Eurem Vorhaben gekriegt», fängt sie an. «Sie haben Euren Plan, die Limmat für den Handelsverkehr zu beherrschen, durchschaut. Deshalb weilt Rudolf von Habsburg in der Stadt Zürich.» Mit diesen Worten hat sie die ungeteilte Aufmerksamkeit des Regensbergers, und während Lütold VI. Serainas Ausführungen lauscht, fragt Margarethe die Wache an der Tür, wo eine Toilette, äh ein Klo, äh ein Abort zu finden ist. Unbemerkt vom Hausherrn folgen sie der Wache in einen andern Winkel der Holzkonstruktion, die auf der Steinburg thront und sozusagen die Wohnung der Herren von Regensberg und deren restlicher Familie ist.

Und da stehen sie nun, vor einem windigen Loch in den Bodenbalken – dem Abtritt, wie er damals in Burgen üblich war. Die Notdurft durfte in freiem Fall in den Burggraben segeln. Margarethe und Rudy erkennen aus dem Augenwinkel, dass die Wache etwas weiter weg mit jemandem ein paar Worte spricht. Das nutzen die beiden aus, um zu entwischen und die Treppe hinunter in die Steinburg zu nehmen.

«Sollen wir jetzt alle Zimmer durchsuchen da unten?», fragt Rudy missmutig. – «Nein, hör mal!», unterbricht ihn Margarethe. Beide lauschen. <Kraa, kraa!> ruft es aus einem Bereich in der Mitte des Steinturmes. «Plonk?», fragt Rudy. – «Nein, es ist nicht seine Stimme, aber wo Raben sind, ist auch das Schwert. Das ist doch bisher immer so gewesen. Warum sollte ausgerechnet Glanzenberg eine Ausnahme bilden?» – Rudy stürmt fast schon übermütig die Kammer, aus der die Rabenstimmen kommen. «Da! Eine Art Tauben äh … Rabenschlag. Und da drin im eisernen Käfig! Schau dir das an!», entfährt es Rudy, und Margarethe, die jetzt neben ihm steht, hat den Mund noch viel weiter offen als Rudy. Vor ihnen, im geräumigen Rabenkäfig, ist ein

Schwert an der Wand montiert, und zwei Raben hocken davor, als würden sie das Schwert bewachen. «Oje, an das Schwert kommen wir nicht ran, das Gitter ist sehr engmaschig und zu stabil!» – «Aber wir müssen was tun, verflixt und zugenäht!», flucht Rudy.

Margarethe fühlt, dass hier nur Plonk helfen kann. Doch wie soll sie ihn dazu bringen, die Zeitreise zu machen? «Ich muss das Schwert berühren, auch wenn mir die Raben den Arm blutig hacken!», ist Margarethe entschlossen, denn sie spürt, dass nur, wenn sie das Schwert berührt, sich Plonk herbeizaubern lässt. Ohne Plonk kein Schwert, aber eben auch ohne Schwert kein Plonk…

«Nimm den linken Arm! Als Rechtshänderin hast du's dann viel leichter… ich meine, wenn…», müht sich Rudy ab. – «Danke fürs Mutmachen!», grummelt Margarethe und hört ihr Herz so laut pochen, dass sie Angst bekommt, dass damit sogar die toten Lütolds I. bis V. aufgeweckt würden. Langsam führt sie ihren linken Arm in den Rabenkäfig. Sie fixiert die Tiere mit eisernem Blick. Diese sind verstummt, kein Krächzen gelangt mehr aus den Kehlen. Doch wenn Blicke sprechen könnten, diese Rabenblicke würde sagen: Vergiss es, Kleine, da kommst du nicht ran, wir zerfleischen dich vorher!

Margarethe merkt, wie ihr der Angstschweiss die Stirne herunterrinnt. «Ich krieg gleich einen Herzinfarkt», grübelt sie, als sie bei der ersten Bewegung der Raben schnell die Hand an den Griff des Schwertes krallt. Im nächsten Moment schreit sie wie am Spiess, aber mehr vor Schreck als vor Schmerz, denn zwischen ihrem Arm und den beiden Kampfraben erscheint Plonk inmitten des Rabenkäfigs – durch Margarethes Hand am Schwert aus der Zukunft herbeigezaubert. Ihr Rabe stürzt sich auf die wachhabenden Artgenossen. Es beginnt ein übles Gerangel und Gekreische. Federn fliegen umher, als plötzlich das Eisengitter dahinschmilzt und Margarethes Arm mit dem Schwert freigibt.

Schnell zieht sie das Schwert zu sich an den Körper. Währenddessen prügelt Plonk die beiden andern Raben aus dem Flugloch hinaus. Geistesgegenwärtig verstopft Rudy den Ausweg mit ein paar Steinen, die herumliegen. Margarethe kippt zur Seite und Rudy kann sie gerade noch auffangen. Plonk fliegt heran und schnurrt: «Grrrita! Grrrita stun Berg!» – «Was Greta Thunberg? 1267!!!», fragt sich Rudy, da röchelt Margarethe: «Nein, das heisst: Margarethe stürmt die Burg! Ja, das haben wir getan, aber jetzt nix wie raus hier! Sonst ist wirklich das Verlies als nächstes dran.»

«Kleine Dirn, wie wahr Ihr sprechet!», hören die beiden eine Stimme im Eingang zum Rabenschlag-Zimmer. Lütold VI. steht dort mit genauso vielen Wachen wie die Zahl hinter seinem Namen. «Jedoch wunderlich ist es, dass Ihr hergekommen seid, was Ihr damit bezwecket und welchem Herrn Ihr dienet. Oder geht es Euch nur um Eure Bereicherung? Wenn Ihr Gaukler aus Zürich seid, so ist Euer Hiersein für uns von Nutzen, aber Euch laufenzulassen, birgt mannigfaltige Gefahren. Sperrt sie ein. Mein Bruder und ich werden dann morgen entscheiden, was mit ihnen geschieht!»

In diesem Moment fliegt Plonk auf, packt das Schwert aus Margarethes Händen und fliegt mit dem Schwert in den Fängen auf Lütold und die Wachen los. Alle Männer stürmen zur Seite. Geistesgegenwärtig packt Rudy Margarethe und zerrt sie am Arm aus dem Raum. «Raina! Raus!», schreit Rudy und beide sehen, wie Seraina die Treppe herunterspringt. Alle drei rennen hinunter zum Ausgang. Draussen angelangt sehen sie noch, wie Plonk sich mit dem Schwert in die Lüfte erhebt und dem Wald zufliegt. In diesem Moment versperrt ihnen ein alter Mann den Weg. Er murmelt wirres Zeug, dabei verschwimmt den Teenagern alles vor Augen und sie fallen in Ohnmacht.

# 6
# Im Burgverlies

«Wer war das, der uns ohnmächtig werden liess? Ein Hexer?», fragt Rudy und sieht sich neugierig und gleichzeitig beunruhigt im finsteren Verlies um. Sein Blick schweift zu Margarethe und Seraina, die noch ganz benommen auf dem mit schmutzigem Stroh bedeckten Boden liegen und schweigen. Nur wenig Licht fällt ins Gefängnis. Lediglich dort, wo der Mörtel zwischen den Steinen weggebröckelt ist, dringen spärliche Lichtstrahlen herein.

Träge zieht Margarethe ein Augenlid hoch. Sofort schliesst sie ihr Auge wieder und schüttelt sich, dann schlägt sie beide Augen auf. «Ist das kein Albtraum? Ist das wirklich wahr?», keucht sie. – «Yep, wir sitzen im Knast», bemerkt Rudy lakonisch, aber seine zitternde Stimme verrät, dass ihm nicht wohl bei der Sache ist. «Was ist mit Seraina?», fragt er beunruhigt. Diese liegt wie versteinert auf dem Boden und rührt sich nicht. «Raina, komm zu dir!», fleht Margarethe und schüttelt ihre Freundin sanft. «Hmm, was'n los? Lass mich schlafen!», murmelt diese unwirsch. – «Lassen wir sie besser schlafen, so lange sie noch kann», brummt Rudy. «Bevor sie merkt, wo wir gelandet sind.» – «Wo wir WAAS?», reagiert Seraina, schon deutlich munterer als zuvor. – «Lass mal, Raina, schlaf besser weiter», versucht Margarethe sie zu beruhigen. – «Früher oder später wird sie das Grauen auch erfahren», bemerkt Rudy trocken. – «Welches Grauen? Grauenhaft hart ist mein Bett… wo bin ich eigentlich?», beschwert sich Seraina und richtet sich langsam auf, mit wirren Haaren und dunklen Rändern unter den Augen. «O Mann, ich fühl mich wie gerädert.» – «Das kommt erst noch, wenn wir Pech haben», tut Rudy seinen Galgenhumor kund. «Obwohl du so aussiehst, als hättest du's schon hinter dir.» – «Sehr charmant, der Herr», brummt Seraina gähnend. – «Du siehst aus, als hättest du einen Elektroschock erhalten, mit deiner funkigen Frisur», grinst Rudy. – «Na warte! Dich schlag ich grün und blau!» – «Das hast du bereits geschafft, gestern, mit deinen dauernden „Tomätli“ auf meine armen Schultern und Rippen.» – «Was, meinst du etwa meine kleinen, sanften Knuffe?», wundert sich Seraina. – «Von wegen sanft, deine Faustschläge sind nicht von Pappe, mich immer wieder boxen ist auch eine Art von Tortur.» – «Aber sicher nicht so schlimm wie die Ameisenfolter; die brauch ich echt nicht mehr!», fügt Margarethe hinzu. Rudy starrt sie angeekelt an: «Was faselst du da für'n Zeug? Hast du das mal erlebt? Echt jetzt?» – «Ja, vor vielen Jahren, und das war gar nicht lustig.» – «Erzähl! Wie ist denn das passiert?», interessiert sich auch Seraina. – «Hm, ich möchte gar nicht mehr dran denken… das war noch in der Primarschule, als sie mich im Klassenlager in der Nacht im Wald an einen Baum gefesselt haben und mich die Ameisen fast auffrassen.» – «Wie eklig!», kreischt Seraina mit weit aufgerissenen Augen und ist nun hellwach.

Die drei sitzen auf dem Boden und sehen sich an. «Was nun?», fragt Margarethe. – «Nun geniessen wir unser letztes Stündlein auf Erden, bevor sie uns foltern und auf dem Scheiterhaufen verbrennen», spricht Rudy mit Grabesstimme. Seraina starrt ihn erbleichend an: «Ist das Galgenhumor, oder meinst du wirklich, das könnte passieren? Wir haben doch gar nix angestellt!» – «Du, wir befinden uns grad im 13. Jahrhundert, da herrschen andere Sitten, meine Liebe!» – «Also, ich wurde ja schon fast auf dem Scheiterhaufen verbrannt, als ich ins 16. Jahrhundert gereist war», erinnert sich Margarethe mit mulmigem Gefühl, und ihre Freunde erschaudern bei ihren Worten. «Und 300 Jahre früher waren die wohl auch nicht grad zimperlich, könnte ich mir vorstellen», flicht Rudy ein. «Dann bist du also eine fast verbrannte Hexe, ist ja abgefahren, Mäggy! Ich dachte immer, Raina sei die Hexe unter euch!» Er weicht dem spielerischen Angriff von Seraina aus. «Raina, mein Schatz, wenn du mich totschlägst, dann können sie mich nicht mehr foltern, also wäre das sogar eine gute Tat!»

Und Margarethe doppelt nach: «Wenn wir schon beim Galgenhumor sind, könnten wir uns ja mal überlegen, welche Foltermethoden es gibt – nur so zum Zeitvertreib.» Ihre Freunde werfen ihr besorgte Blicke zu. «Sag mal, hast du Fieber oder haben sie dir eine Gehirnwäsche verpasst?», zeigt sich Seraina ernsthaft beunruhigt. «Du bist doch sonst nicht so makaber!» – «Weisst du, nach allem, was wir schon erlebt haben, härtet man irgendwie ab», meint Rudy sarkastisch. – «Na dann. Schiess los, was uns so blühen kann!», fordert ihn Seraina heraus. Doch es ist Margarethe, die mit ihrer blühenden Fantasie loslegt: «Hm, sie könnten uns aufs Rad flechten… oder anketten und hochziehen.» – «Ja, bis die Schultern auskugeln. Aua!», ergänzt Rudy. – «Igitt, ihr seid ekelhaft!», protestiert Seraina, und Margarethe fährt fort: «Aufgespiesst wurden Hexen doch auch. Wenn sie diese Tortur überlebten, war das der Beweis, dass sie unschuldig waren.» – Seraina unterbricht: «Oder eben nicht; das war dann der Beweis, dass sie vom Teufel besessen waren. Die Toten waren unschuldig.» – «Also, ehrlich gesagt möchte ich das nicht selber erleben, und ich weiss auch nicht, ob ich es ertrage, zuzusehen, wie ihr gefoltert werdet», gesteht Rudy kleinlaut. – «Was immerhin ein Beweis ist, dass er uns gern hat», flüstert Seraina Margarethe errötend zu. – «Wenn er ein Kavalier wäre, würde er sich für uns opfern», entgegnet diese trocken. – «Ihr seid ja liebenswürdig, meine Süssen!», reagiert er kopfschüttelnd. – «Rudy, unser Held, wir lieben dich!», neckt ihn Seraina und schickt ihm einen Kussmund, worauf Rudy seinerseits errötet. Margarethe kichert, dann fügt sie nachdenklich hinzu: «Wir sind immerhin zusammen, und ich bin ehrlich gesagt lieber mit euch hier in dem Schlamassel als ganz allein. Ich könnte mir ehrlich gesagt nicht vorstellen, mit wem ich lieber hier wäre.» Überwältigt von ihrer Zuneigungsbekundung, errötet sie selbst. «Also, ich meine, noch lieber wäre ich mit euch draussen!» Die anderen beiden nicken. Dann verfallen alle drei wieder in Schweigen.

«Immerhin haben sie uns nicht angekettet, das ist ja schon mal beruhigend, dass wir uns frei bewegen können», seufzt Seraina nach einiger Zeit. «Auch wenn es stinkt und furchtbar schmutzig ist hier drin.» – «Auch ohne Ketten bekomme ich langsam Platzangst in dieser dunklen Zelle», jammert Margarethe. – «Sei kein Weichei!», tadelt Rudy sie. «Zurück zum Galgenhumor! Was haben wir in der Schule durchgenommen? Welche Foltermethoden gab es?» Seraina fragt nachdenklich: «Haben wir in der Schule mittelalterliche Foltermethoden behandelt? Das wüsste ich doch!» – «Du warst vielleicht krank», überlegt er. «Oder nein, das war doch auf dieser Burg, die wir besichtigt haben.» – «Die Blechburg, wo wir nachher bei den Kelten landeten?», erwidert Margarethe. – «Nein, wir waren doch später noch auf einer anderen Festung – war es nicht die Kyburg? Und dort gab es eine Folterkammer mit sehr plastischen Beschreibungen. Dort stand eine eiserne Jungfrau, wisst ihr, was das ist?» – «Weiss nicht, ob ich es wissen will – du, Mäggy?», erwidert Seraina mit einem Seitenblick zu ihrer Freundin. Diese schüttelt angewidert ihren Kopf.

Plötzlich öffnet sich oben in der Decke eine Tür. Der alte Mann von vorhin glotzt hinein und spricht: «Verzeiht, ich habe mich noch gar nicht vorgestellt. Ich bin Goetz von Trotthausen, besser bekannt als Hexenmeister Helleborus, im Dienste der Freiherren von Regensberg. Ich habe Glanzenberg aus der Asche der Zukunft geholt. Ihr drei werdet meine Pläne nicht durchkreuzen. Wenn Ihr bis am nächsten Morgen Euren Raben nicht zurückruft und mir das Schwert aushändigt, werdet Ihr gefoltert.» Dann klappt die Tür zu, und ein grässliches Lachen ertönt. «Was für ein Trottel war das denn?», ruft Seraina. – «Nicht Trottel, aber Glotzkopf oder so», entgegnet Margarethe. – «Mann! Dieser Glotz von Truthahn, wie auch immer sein Künstlername ist, macht mir echt Bauchweh!», grummelt Rudy, die beiden Mädchen seufzen. «Eins ist klar, wir müssen raus hier!», beschliessen alle drei wie aus einem Mund. Und genau in diesem Moment klopft es oben an die Holztür des Verlieses. <Kra, kra!> … und noch zwei weitere Rabenrufe. «Plonk hat Verstärkung geholt, aber wie kommen wir da rauf?», fragt sich Margarethe und staunt nicht schlecht, als die Tür aufgeht und drei Raben herunterfliegen. Es sind Plonk und die beiden Wachraben. «Ob Plonk sie wohl überzeugt hat, die dunkle Seite zu verlassen?», fragt sich Margarethe, da kontert Rudy mit einem schweren Atem, den Star-Fight-Fans sofort erkannt hätten. Die drei Teenager staunen nicht schlecht, als sie bemerken, dass Plonk ein Seil im Schnabel hält. Es ist nicht besonders dick, aber zum Raufklettern müsste es allemal reichen. Margarethe nimmt das Seilende aus Plonks Schnabel und zieht daran – ein Ruck, und ihr wird klar, dass es im oberen Stock verankert ist. Unbeholfen versucht sie, daran hochzuklettern, als die zwei fremden Raben ihr auf Plonks Aufforderung hin helfen: Sie packen Margarethes Jacken-Kragen und verleihen ihr mittels Flügelschlägen Auftrieb. So erleichtern sie ihr das Klettern. Dasselbe tun sie mit Seraina und Rudy. Gottseidank ist keiner der drei besonders schwer; und glücklicherweise haben alle drei Jacken-Kragen gehalten. Trotzdem ist es für die Raben eine enorme Anstrengung gewesen. Plonk indes ist Schmiere gestanden und hat die ganze Aktion überwacht.

Nun gilt es, so rasch wie möglich aus der Burg zu fliehen. Misstrauisch beäugen die Teenager die fremden Raben. Doch tatsächlich scheint es, als wäre Plonk der Boss. Unter seiner Leitung fliegen alle aus einer engen Luke raus. Die drei Teenager nehmen die Treppe, doch da steht eine Wache. Geistesgegenwärtig kramt Rudy sein Handy hervor, schaltet auf Taschenlampe und blendet die Wache. Der Mann ist so verdutzt, dass er die Hand vors Gesicht legt und beim Versuch, zur Seite zu springen, das Gleichgewicht verliert. Jetzt ist die Bahn frei, die Teenager rennen aus der Burg hinaus und müssen nur noch über die Holzbrücke, die über den Burggraben führt. Die drei Raben haben die Bahn von Wachen gesäubert. Jene liegen alle stöhnend im Burggraben. «Superjob, Plonk!», entfährt es Rudy. Ohne zu zögern, rennen die drei Teenager den Burghügel hinunter in den Wald.

Atemlos lassen sie sich am Ufer eines fast verlandeten Altarms der Limmat ins weiche Gras plumpsen. «Mist», flucht Rudy. – «Was ist los?», fragt Seraina. – «Akku leer, der Taschenlampentrick, um die Wache zu blenden, hat die Restbatterieladung gefressen!» – Margarethe und Seraina brechen in schallendes Gelächter aus. Diesmal glotzt Rudy finster aus der Wäsche.

Nachdem sich alle drei etwas erholt haben von den Strapazen, stellt Rudy die Frage aller Fragen: «Wo ist Plonk und wo das verflixte Schwert…?»

# 7
# Der verhexte Weg zurück

«Schaut, da ist ja die Stadt, die wir von oben gesehen haben, die Stadt Glanzenberg!», ruft Seraina und zeigt über den Altarm der Limmat hinüber zu einer kleinen Siedlung. Doch nur die Dächer der Häuser sind zu sehen, der Rest liegt verborgen hinter einer hohen Stadtmauer. Margarethe meint ängstlich: «Leute, los, wir müssen hier weg, der Helleglotztyp wird sicher bald hier auftauchen! Wenn wir das Wasser überwinden, kann er keine Spürhunde einsetzen.» Und so beeilen sich die drei Teenager, den Altarm der Limmat zu durchwaten. Bis zu den Knien reicht ihnen das Wasser, und immer wieder stolpern sie über Wurzeln, Vertiefungen und Steine. Doch sie schaffen es, nicht hineinzufallen und das andere Ufer zu erreichen.

In schnellen Schritten eilen sie zum Städtchen, stranden aber zuerst an einer nicht allzu hohen Mauer. «Was ist denn das, etwa eine Vormauer?», wundert sich Margarethe. – «Was für ein Vorbau? Welche Körbchengrösse?», flachst Rudy. – «Sei nicht so vorlaut; es gibt Stadtmauern mit mehreren Mauerringen, und da spricht man von Vormauer», klärt ihn die archäologisch interessierte Margarethe auf. – «Dieser Ein-Meter-Vorbau ist aber kaum nennenswert», stellt Rudy achselzuckend fest.

Nachdem sie die Vormauer hinter sich gelassen haben, folgen sie der eigentlichen Stadtmauer auf der Suche nach einem Eingang. Doch an der schmalen Seite ist kein Tor. So stapfen sie zielstrebig durch Morast und Schutt und halten sich rechts, der Stadtmauer entlang, bis sie kurz nach der Hälfte der Längsseite einen Durchgang finden: «Schaut mal, da ist sogar ein Wassergraben», bemerkt Seraina, und Rudy stellt fest: «Die Vormauer ist aber noch nicht fertig, und besonders viel Wasser haben sie noch nicht, sie müssten noch tiefer graben.» – «Wie gesagt, das ist noch eine Baustelle», erinnert ihn Margarethe. «Immerhin führt die Brücke zu einem Tor.» Ein kleiner Torturm bietet einen nicht besonders grossen Einlass. Der Torturm ist ungefähr sechs auf sechs Meter im Grundriss und bietet nur anderthalb Meter Platz, um einzutreten. Rudy hämmert ans Tor, und Seraina ruft: «Wir erbeten Einlass!» – «Lasst uns rein würde reichen!», neckt Rudy sie in Bezug auf die richtige Wortwahl. Doch bevor sich ein Streit entspinnen kann, öffnet sich eine Luke im Tor. Ein Mann schreit: «Zween Dirn und ein Junker!» – Margarethe grummelt etwas von Frechheit, aber sie kommt nicht dazu, sich zu beschweren. Denn schon werden sie eingelassen, und das Tor fällt hinter den dreien mit einem harten «Rumms» ins Schloss. Nun stehen sie in der Stadt Glanzenberg, welche auf den ersten Blick vorwiegend aus Holzhäusern besteht und nur einen fertig gebauten Turm aufweist. Es sieht wirklich aus wie auf einer Baustelle; zwei weitere Türme befinden sich in verschiedenen Phasen der Fertigstellung. «Willkommen in Glanzenberg, was führet Euch her?», fragt die Wache. – «Wir suchen unseren Vater», erklärt Seraina, «Er sagte, er wolle zwei Schweine auf dem neuen Markt in Glanzenberg verkaufen und dann wieder zuhause sein. Das war vor drei Wochen…» Ihr Gesicht nimmt einen traurigen Ausdruck an. Margarethe ist erneut verblüfft über Serainas Einfallsreichtum. Während Rudy und Seraina mit der Wache sprechen, schaut sie sich um in Glanzenberg. Die Stadt ist sehr klein, vielleicht zweihundert Meter lang und hundert Meter breit; die Häuser sind aus Holz, abgesehen von den grossen Gebäuden, die den Torturm flankieren, durch den sie hereingekommen sind. Das Imposanteste an Glanzenberg sind die Stadtmauer und der fertiggestellte Turm, dessen Wände mehr als einen Meter dick sind.

In der Mitte gibt es nur Felder, auf denen Obst, Gemüse und eine Art Getreide angebaut wird. Was es genau ist, kann Margarethe nicht erkennen. Ihr Blick schweift bald von Haus zu Haus. Alle Holzhäuser und auch die wenigen steinernen Bauten sind entlang der Stadtmauer gebaut worden. Glanzenberg wirkt wie eine einzige, lange und U-förmige Reiheneinfamilienhaus-Siedlung. Lediglich zwei Tortürme und ein Wachtturm überragen die eingeschossigen Häuser. Der Wachtturm steht dort, wo sie zuerst auf die Stadtmauer gestossen sind. Der zweite Torturm, der einen Dachreiter mit Glocke besitzt, liegt vis-à-vis ihres Eingangstores. An der vierten Seite der Stadtmauer, gegenüber dem Wachtturm, gibt es noch keine Häuser.

Die Menschen in Glanzenberg sind sehr geschäftig und gehen ihrer Arbeit nach. «Ich fühle mich wie im Freilichtmuseum Bullenburg», meint Margarethe und wendet sich wieder ihren zwei Freunden zu, die sich vom Wachmann verabschiedet haben. Rudy nickt ihr zustimmend zu, während Seraina noch etwas unschlüssig dreinblickt. «Was hat er gesagt?», fragt Margarethe. – «Hast du wieder geträumt, Mäggy, du Träumerin du!», flachst Rudy und gibt die Kurzversion wieder: «Da war ein Mann mit zwei Schweinen da, er ging weg mit einem Beutel Geld. Die Wache vermutet, er sei auf dem Heimweg im Wald überfallen worden.» – «Und was nützt uns das?», fragt Margarethe. Die zwei Freunde blicken drein wie nach einer kalten Dusche – denn die Information ist nutzlos. «Und jetzt?» – Rudy zuckt mit den Achseln und sagt: «Zumindest gibt's was zu essen. Ich habe ihm die leeren Fraumünster-Beutel gegeben. Er will sie für uns auffüllen. Dann lässt er uns wieder gehen.» Margarethe seufzt: «Lasst uns lieber durch das Tor mit dem Glöckchen gehen, nicht, dass der Glotzo schon vor dem andern steht. Schade können wir kein Boot nehmen, die Strömung geht falschrum…» – «Stimmt», pflichtet ihr Rudy bei, «nach Zürich müssten wir stromaufwärts paddeln…» – Doch als alle drei auf den Turm mit der Glocke schauen, sehen sie einen Raben auf der Dachreiterspitze hocken. «Plonk!», rufen sie wie aus einem Mund. Die Wache, die gerade mit einem Laib Brot und den Nachfüll-Beuteln zurückkommt, schaut die drei Jugendlichen verdutzt an. «Hier, nehmet, und gehet zurück zu Eurer Mutter, sie hat Euch nötig, jetzt, wo der

Mann fehlet», erklärt er emotionslos, drückt den drei Freunden dazu noch eine tönerne Flasche in die Hände und geleitet sie mit leichtem Nachdruck zum Glockentor.

Als sie wieder ausserhalb der Stadtmauern stehen und hochblicken, sitzt der Rabe immer noch oben auf dem Dachreiter. Nun breitet er seine Schwingen aus und segelt herunter. «Grrrita», schnurrt Plonk und hält den Kopf schief, um sie anzuschauen. Margarethe bückt sich zu Plonk, der am Boden kauert, und umarmt ihn vorsichtig. Gurgelnde Laute bekunden seine Zuneigung zu seiner Adoptivmutter. «Wo ist das Schwert, Plonk?», fragt Margarethe. – «Grrrita, Schwe Wad!», krächzt Plonk. – «Was sagt er? Spreewald? Was tischt er uns Gurken auf?», fragt Rudy, sichtlich genervt. – «Im Wald, er hat es im Wald versteckt», erklärt Margarethe und fügt hinzu: «Trink und iss was, dann bist du wieder ausgeglichener.» – «Ich bin doch immer ganz ausgeglichen, gopfertammi», grummelt Rudy, greift in einen Beutel und kriegt einen Apfel zu fassen, in den er genüsslich hineinbeisst. Seraina macht sich über das Brot und den Käse her, bis Margarethe ihr Taschenmesser zückt: «Esst doch anständig, bitte!» Sie selbst löscht vor allem ihren Durst, bevor sie das Gebräu an die Freunde weiterreicht. Hunger hat sie keinen; irgendwie ist ihr der Appetit vergangen. Der Hexenmeister und das Schwert lasten auf ihrer Seele wie Blei.

Rudy rülpst, was die Mädchen tadelnd zur Kenntnis nehmen. «Sorry, irgendwie fühle ich mich beschwipst!» – «Jetzt, wo du's sagst», erwidert Seraina. «War das Gebräu wohl alkoholhaltig?» – Margarethe, der ihr Kopf schwirrt, hält ihre Nase an die Flasche: «Könnte sein, dass wir sauren Most getrunken haben, vergorenen Apfelsaft, und der ist alkoholhaltig, wie wir doch im Chemieunterricht gelernt haben.» – «Im Mittelalter tranken die Leute doch vorwiegend Bier oder alkoholhaltige Getränke, weil der Alkohol alle Bakterien killt», weiss Seraina. – «Na, da-dadas ist ja wunderbar, besoffffffen im Mittelalter und ka-ka-keine

Ahnung, wo wir hinmüssen», seufzt Rudy und legt sich flach auf den belaubten Boden. – «Du lallst ja schon; penn uns bloss nicht ein!», ermahnt ihn Seraina mit leicht schleppender Stimme. «Erwwwwarte nicht, dass wir einen Ssssäufer herumschlepppppen!» – «Mann eh, ihr zwei seid ja schon völlig blau!», prustet Margarethe und versucht, ihre schwere Zunge unter Kontrolle zu halten. Alle drei sind müde, fühlen sich benommen vom Alkohol und müssen eine Weile rasten, bis sie wieder einen einigermassen klaren Kopf bekommen.

Richtig wach werden sie erst, als ungeduldiges Krächzen an ihre Ohren dringt. Plonk fliegt hinunter von einer majestätischen Eiche, die ihm als Ausguck gedient hat, und fängt an zu zetern. «Grrrita! Schwe! Wad!», fordert er sie auf. – «Kommt, wir müssen weiter», rüttelt Margarethe ihre Freunde auf. So folgen sie einem teilweise vor ihnen her hüpfenden, teilweise fliegenden Plonk. «Wir entfernen uns mehr und mehr von Zürich, hier geht es stromabwärts, wir sollten bald wieder umkehren können, die Zeit rennt uns davon», fasst Rudy das Geschehen zusammen. Margarethe beschwichtigt ihn: «Wir müssen zuerst das Schwert finden, Plonk hat es gut verstecken müssen. Das war für ihn sicher nicht so einfach, und es liegt wohl nicht direkt um die Ecke.» – «Aber etwas praktischer veranlagt könnte dein Rabe trotzdem sein», beschwert sich Seraina, die sich mit zunehmenden Dreckspritzern an ihrer Kleidung immer unwohler fühlt. Margarethe schweigt und rennt weiter, während die andern innehalten. Sie dreht sich nach ihren Freunden um und ruft: «Weiter! Kommt weiter!» – «Wie lange noch? Frag ihn das!», röchelt Rudy. Und Margarethe wendet sich zu Plonk: «Schwert wo?» – «Hö, hö, hi», krächzt der Rabe und verschwinden nach drei Flügelschlägen. – «Mist, jetzt ist auch Plonk weg, tamminomal, ich kann nicht mehr!», flucht Rudy. Margarethe horcht und hört ein <Kra, kra!>, das wie ein Echo aus dem Nirwana tönt. «Hier rein, da ist eine Höhle!», ruft Margarethe erfreut und gelangt ein paar Schritte weiter in einen Höhleneingang, der dicht bewachsen ist und daher kaum sichtbar. Rudy und Seraina folgen. Erst einmal in der Höhle, fühlen sich alle drei etwas sicherer vor dem Hexenmeister. Doch es ist finster in der Grotte. «Du bist doch der Hellste von uns, kannst du uns nicht mal leuchten? Ach ja, dein Akku vom Smartiefon ist ja leer», neckt Seraina Rudy, der zurückgibt: «Na warte, bis wir wieder Zugang zu einem Ladegerät haben, dann mach ich ein Foto von dir in deinen verdreckten Jeans!» – Seraina funkelt ihn finster an. Doch Margarethe hat in der Zwischenzeit ihr Handy auf Taschenlampenmodus gestellt und erhellt den Raum. «Lange wird's nicht halten, auch mein Akku ist fast durch, Seraina, hast du noch Strom auf deinem Handy?», stellt Margarethe fest und schaut Seraina an. «Äh, was? Akku, nein, mein Smartiefon war schon leer, als wir noch im Zug sassen…» – «Ich hab dir doch gesagt, du sollst dir das neue Modell kaufen, jetzt wären wir nicht am A…!», grummelt Rudy, und Seraina kontert wie aus der Pistole geschossen: «Es haben nicht alle so viel Kohle wie du, Hochwohlgeborener!» – «Hey, vertragt euch wieder!», spricht Margarethe in ungewohnt harschem Ton, dann fügt sie leiser hinzu: «Hier ist es, da unten, Plonk hockt neben dem Schwert…» Margarethe eilt zu Plonk und packt das Schwert. «Wow, das ist schwer.» – «Zeig her», drängt sich Rudy vor. Auch er prüft das Gewicht der Waffe und staunt. «Wir sollten es in Tücher wickeln», meint Seraina, die wieder mal praktisch denkt. Denn ein blankes Schwert zieht Aufmerksamkeit auf sich. Die drei Freunde kramen die Fraumünster-Beutel aus den Rucksäcken. Die noch vorhandenen Esswaren stecken sie in einen einzigen Sack. Dann stülpen sie einen der leeren Beutel vorne über die Klinge und ziehen ihn in die Schwertmitte. Die Spitze durchbohrt den Stoff. Den zweiten Sack stülpen sie über die Spitze, ohne dass dieser durchbohrt wird. Dann binden sie diese beiden Beutel zusammen. Den dritten Sack stülpen sie über den Griff und verbinden ihn ebenfalls mit der mittleren Tasche. Nun ist das Schwert gut verpackt.

«Auf dem schnellsten Weg zurück nach Zürich!», ruft Margarethe und fühlt sich wieder munter. Sogar ein bisschen Hunger macht sich bemerkbar. Ein Stück Käse stillt ihn, während sie sich aus der Höhle wagen. Ihr Handy ist wieder zurück in der Jackentasche, auch Margarethes Akku ist nun leer. Doch mittlerweile hat sie sich so daran gewöhnt, nicht mehr auf das Smartiefon angewiesen zu sein, dass sie sogar froh darüber ist. Sie hat auch bemerkt, dass Rudy und Seraina nicht mehr dauernd nach dem Gerät tasten. Früher ging es ja auch ohne, sie sind einfach zu sehr daran gewöhnt, dass man mit dem flachen Freund einfach alles machen kann – spielen, den Weg finden, kommunizieren … was eben so im Alltag nötig ist.

«Wir sollten Pferde nehmen», schlägt Rudy vor. – «Mäggy und ich können gar nicht reiten», kontert Seraina. – «Ach was, das geht von alleine, drei Mal runterfallen, und dann klappt's!» – «Super, und wie viele Knochen bricht man sich dabei?» Seraina ist gar nicht überzeugt von der Idee, allerdings freut sie sich auch überhaupt nicht auf den Fussmarsch. – «Wir sollten Glanzenberg weiträumig umgehen», schlägt Margarethe ängstlich vor. – «Und wie sollen wir dann Zürich finden, wenn wir die Limmat aus den Augen verlieren?», trifft Rudy ins Schwarze, «Wir haben kein Navi, das uns den Weg zeigt, und im Wald verirren wir uns bestimmt.» Den drei Teenagern ist klar, dass dies zutrifft, doch welche Alternative haben sie? – «Plonk ist unser Navi!», entfährt es Margarethe. – «Wow, jetzt wurde es aber richtig hell! Genialer Geistesblitz, Mäggy!», freut sich Seraina, die wieder Hoffnung schöpft. Sofort ruft Margarethe Plonk zu: «Zürich, wo ist Zürich?» Der Rabe fliegt auf, schwingt sich mit kräftigen Flügelschlägen empor und dreht dann drei Runden über den Köpfen der Teenager. Plötzlich fliegt er geradeaus und krächzt laut. «Da liegt Zürich!», übersetzt Margarethe, und ein schwerer Stein fällt ihr vom Herzen. «Wir haben das Schwert und wir haben ein Navi! Lasst uns unser Zürich zurückerobern!» – «Jaaaaa! Für Zürich! Auf in den Kampf!», rufen Seraina und Rudy wie aus einem Mund. Frohen Mutes folgen sie Plonk, der manchmal umkehren muss, weil die Teenager natürlich nicht so schnell laufen können, wie er fliegt. Und der Weg ist auch nicht geteert oder gepflastert, oft auch schlecht erschlossen. Sie stolpern über Wurzeln oder bleiben an Brombeerdornen hängen, die wie Greifarme nach ihnen fassen. Und sogar eine marode Brücke liegt auf ihrem Weg, die bei jedem Schritt zusammenzubrechen droht.

Es scheint aber, dass sie gut an Glanzenberg vorbeigekommen sind. Querfeldein ist auch der kürzere Weg nach Zürich, als der Limmat entlang, die sich damals in mäandrierenden Schleifen durch die Landschaft gewunden hat – nicht wie heute, wo sie begradigt und gekürzt fliesst. Und bald scheint es auch, als würden sie den typischen Glockenschlag der St. Peterskirche hören. Doch leider senkt sich wieder die Nacht herab, und es macht keinen Sinn, weiterzugehen. Nachts ist es kaum möglich, einen schwarzen Raben im Auge zu behalten. Und eine gelbe Warnweste für Plonk haben sie nicht dabei, die sind alle in Frankreich im Einsatz. So landet Plonk und hilft den drei Teenagern, das restliche Essen aufzubrauchen. Das Getränk ist leider nicht ausreichend für drei Menschen und einen Raben, so bekommen alle nur ein paar wenige Schlucke und bleiben durstig. Sie suchen Schutz in einem hohlen Baumstamm, der noch dasteht, aufrecht wie ein noch lebendiger Baum, aber auf halber Höhe abgebrochen ist. Drinnen ist es sehr eng, sie haben kaum Platz zum Sitzen, aber zumindest bietet er Schutz.

# 8
# Plonk gegen Helleborus

«Morgen sind wir vielleicht schon wieder zuhause in unseren warmen Betten, mit sauberen Kleidern…», träumt Seraina, und Rudy fügt hinzu: «Mit einem voll aufgeladenen Handy-Akku…» – Doch bevor Margarethe ihre beiden Freunde warnen kann, sich nicht so voreilig in Sicherheit zu wiegen, beginnt der hohle Baumstamm, in welchem sie sitzen, sich zu bewegen. Den Freunden wird es mulmig zumute, und Plonk flüchtet mit ein paar Flügelschlägen nach draussen. Von einem sicheren, bewegungslosen Ast aus verfolgt er das Geschehen. Der Baumstumpf zieht jetzt eine Wurzel aus dem Boden, dann folgt die nächste, und so weiter, bis alle seine Wurzelstümpfe wie die Beine eines Insekts neben dem Baumstumpf liegen, fluchtbereit. Den Teenagern wird es Angst und Bange und sie fliehen panisch ins Freie. Als sie sich umdrehen, gefriert ihnen beinahe das Blut in den Adern. «Wa-was zum Henker soll da-das?», röchelt Rudy. – «Böser Zauber! Der Hexenmeister ist uns auf den Fersen! Aargh!», kreischt Margarethe entsetzt. Seraina denkt schweigend nach und klammert sich an Margarethe und Rudy, dann fügt sie entschlossen hinzu: «Jetzt Köpfchen einsetzen! Dieser Dingsda… Glotzotrottel darf uns nicht austricksen. Er will, dass wir wegrennen, also bleiben wir hier!» Während sie das sagt, stolziert der Baumstumpf aufrecht im Wald umher, ziemlich ziellos. Einmal stolpert er paradoxerweise über eine Wurzel und flucht vor sich hin. Wäre die Situation nicht so gespenstisch, wäre sie noch ganz lustig. Der Baumstrunk entfernt sich nun, er scheint nur verhext, aber nicht bösartig zu sein. Plonk gesellt sich wieder zu seinen Menschenfreunden, aber auch ihm ist die ganze Sache nicht geheuer; seine Federn sind vor Anspannung gesträubt.

Einen Moment lang geschieht nichts. Von weitem hören sie den Baumstumpf erneut fluchen, vermutlich ist er wieder über eine Wurzel gestolpert, vielleicht sogar über eine seiner eigenen Wurzeln. Dann aber erscheinen immer mehr durchscheinende Wesen um sie herum – Geister, die wie Mumien wirken und die Hand nach dem Schwert ausstrecken. Die drei Teenager bekommen es mit der Angst zu tun und fuchteln mit dem Schwert herum, als würde es etwas gegen Gespenster nützen. «Sind das die ehemaligen Schwertbesitzer?», fragt sich Margarethe und schaut sich ihre Freunde an: Rudy ist totenbleich, Seraina zittert, Plonk wirkt extrem aggressiv, hält sich aber zurück. Da erhebt sich eine Stimme im finsteren Wald: «Die Geister von Glanzenberg kommen, um das Schwert zu holen!»

Margarethe, die sonst nicht die Erste ist, die sich ins Kampfgetümmel wirft, erhebt ihrerseits die Stimme: «Na dann holt es euch, ihr Feiglinge, Kaltduscher, Plumpsklo-Furzer!» Seraina und Rudy beginnen zu kichern, Margarethes Mut-«Zauber» scheint zu wirken wie ein echter Zauber – oder kann sie wirklich zaubern? Jetzt doppeln Rudy und Seraina nach: «Ein-PS-Schleicher!», «Weichboden-Raser!», «Glatzenberger Kahlköpfe!», «Abgefrorene Burgfüdli!», «Möchtegern-Monster!» …

Die Teenager steigern sich in kreative Höhenflüge, und Plonk fügt jeweils ein <Kra!> hinzu. Die Gespenster beginnen zu verblassen und verschwinden nach und nach, bis Stille einkehrt. Nur kurz hört man noch ein Knacken, und die Stimme des Baumstumpfes flucht: <Schnurpfelfagorifulindorkamistischnarzfarz!>

Da können sich die drei Freunde nicht mehr zurückhalten und prusten los vor Lachen. Doch plötzlich steht vor ihnen der Hexenmeister. Abrupt ist Schluss mit lustig, jetzt gilt es ernst. Die drei Freunde starren den alten Mann an, der sich nach und nach aufrichtet und verjüngt, bis er zwei Meter misst, auf dem Kopf langes, braunes Haar bekommt und am Körper das Gewand eines Kaisers trägt. Seine Aura erhellt die Lichtung, auf der er steht. Er spricht seltsame Dinge, vermutlich Zaubersprüche, da beginnt das Schwert sich zu bewegen. Durch die es umgebenden Säcke leuchtet ein seltsames Licht. Das Schwert erhebt sich über die Köpfe der Jugendlichen, die starr vor Angst dasitzen und es nicht wagen, es zurückzuhalten. Als es so schwebt, zerbröseln die Beutel und fallen wie Schneeflocken über die drei Freunde. Da schwebt nun das Schwert leuchtend wie eine Jedi-Waffe und bewegt sich ganz langsam auf den Hexenmeister zu. «Ich verwandle euch in Raben, als Strafe für den Raub des Schwertes! Corocacacorvuscoronacalanda…» – «Heineken? Feldschlösschen? …», entfährt es Rudy geistesgegenwärtig, und dies verwirrt den Hexenmeister sichtlich. Da erhebt sich plötzlich Plonk in die Lüfte, packt das Schwert mit seinen Krallen am Griff und fliegt einen Angriff auf den Hexenmeister, während jener seinen Schadzauber mit «…jactaest!» vollendet und einen Blitz zu den Teenagern schickt. Doch geschickt fängt Plonk diesen Schadzauberblitz mit der Schwertklinge ab, die nun noch viel stärker leuchtet als zuvor. Jetzt kommt er dem Hexenmeister immer näher, der überrumpelt und verwirrt versucht, einen Abwehrzauber auszusprechen. – «Rabe und Schwert vereint – nichts kann das Gespann besiegen!» flüstert Margarethe, und alle drei kriegen Gänsehaut.

Genau in jenem Moment, als Plonk zum Schwerthieb ansetzt, rennt der mobile Baumstrunk den Hexenmeister über den Haufen und schleift ihn mit. Die Teenager sehen gerade noch im Schein des Lichtschwertes, wie die stolze Gestalt wieder zu einem alten Mann wird. Dann sind Baumstumpf und Hexenmeister im dunklen Wald verschwunden. Und das Schwert von Glanzenberg verliert seinen Glanz.

Die Teenager brauchen einen Moment, um sich zu erholen. Ans Schlafen denkt im Moment niemand. Auch Plonk ist noch voller Adrenalin und lässt seine Aggression an einem morschen Ast aus. «Kommt, wir gehen! Der Mond steht hoch, und wir wissen ungefähr, wo Zürich liegt. Wir haben ja die Kirchenglocken gehört. Lasst uns keine Zeit verschwenden!», übernimmt Rudy die Führung. Nicht mal Margarethe hat einen Einwand – sie, der sonst ihr Schlaf heilig ist. Mit einer Handbewegung fordert sie Plonk auf, mitzukommen. Der Rabe ist sofort zur Stelle.

Die restliche Nacht bleibt ruhig, während sie im Dunkeln unterwegs sind, und tatsächlich: Im Morgengrauen sehen sie die eindrückliche Silhouette der Stadt Zürich im Gegenlicht. Die stolze Stadtmauer mit ihren imposanten Türmen beeindruckt sie erneut. Aus dieser Perspektive haben sie ihre Stadt Zürich noch nie gesehen. «Habt ihr gemerkt, dass wir diesmal von der anderen Seite her kommen?», stellt Rudy eine rhetorische Frage. – «Stimmt, wir kommen von oben», bestätigt Margarethe, und Seraina fügt hinzu: «Also vom Zürichberg her sozusagen.» – «Wir müssten jetzt so ungefähr auf der Höhe der Uni sein», schlussfolgert Rudy angesichts des Verlaufs der Stadtmauer. Margarethe schaut ihn irritiert an: «Wie kommst du denn darauf? Ich dachte, die liege weiter seewärts?» – «Quatsch, wenn das das Neumarkttor ist, dann überleg doch: Die Mauer ist der heutige Hirschengraben, und lotrecht darüber liegen Uni und ETH.» Tatsächlich liegen die Universität der Stadt Zürich und ihre Nachbarin, die Eidgenössische Technische Hochschule, oberhalb des Hirschengrabens, welcher im 21. Jahrhundert als Strasse vom Tramknotenpunkt Central bis zur Kreuzung beim Kunsthaus verläuft. «Hm», macht Seraina, «wenn alles so anders aussieht, fällt es schwer, die Distanzen richtig einzuschätzen.» – «Das liegt daran, dass sich das menschliche Auge stets Orientierungspunkte, sogenannte Referenzpunkte, sucht, welche das Hirn abspeichert, um sie später wieder abzurufen», referiert Rudy. «Wir suchen dann automatisch Bezugspunkte, und wenn die fehlen, sind wir heillos verwirrt. Mäggy, du vermisst sicher die Tramlinie und das Obergericht mit den vielen Parkplätzen. Darum hast du das Neumarkttor nicht erkannt.» – «Und warum weisst du denn so genau, dass wir hier am Neumarkt sind?» – «Männliche Intution», reagiert Rudy selbstgefällig und weicht dann blitzschnell einem Ellbogenangriff von Seraina aus. «Angeber!» – «Nein, ich habe einen unfehlbaren Orientierungssinn, sogar ohne mein Smartiefon, und bin etwas stolz darauf, muss ich gestehen.» – «Lass ihn doch», schmunzelt Margarethe. «Ist doch schön, dass er sich auch mal ohne sein Spielzeug zurechtfindet!»

Nun stehen die drei Freunde mit Rabe Plonk und dem Schwert von Glanzenberg rund eine Stunde nach Sonnenaufgang vor dem alten Neumarkttor. «Schade, dass das Tor später weg ist», seufzt Seraina. «Es ist wirklich schön!» – «Von hier aus weiss ich genau, wie wir zum Stadthaus kommen», erklärt Rudy, «Wir müssen einfach den Wohntürmen folgen bis zur Limmat.»

# 9
# Zurück in Zürich

«Nur noch rein und dann ist's geschafft!», meint Seraina. «Und bald sind wir wieder zuhause! » – «Träum weiter!», seufzt Rudy. – «Vorausgesetzt, sie lassen uns rein», gibt Margarethe zu bedenken. «Ob der Torwächter so früh schon Einlass gewährt?»

An dem hölzernen Tor prangt ein prachtvoller Türklopfer aus Messing in Form eines Löwenkopfes, der einen Ring im Maul trägt. Rudy klopft energisch an. Ein ärgerliches Brummen antwortet ihm nach einiger Zeit; ein Guckfenster wird geöffnet, hinter dem ein bärtiges Gesicht erscheint. «Was begehret Ihr zu solch früher Stunde?», herrscht eine barsche Stimme die Anklopfenden an. Rudy räuspert sich und ist bemüht, seine Stimme so tief wie möglich klingen zu lassen. «Wir bringen eine wichtige Sendung für den Rat der Stadt Zürich. Graf Rudolf von Habsburg erwartet uns mit dem Schwert! Wir sind im Auftrag der Stadtherrin und der Ratsherren von Zürich unterwegs», erklärt Rudy mit Nachdruck. Die Mädchen halten das Schwert noch verborgen, da sie befürchten, damit mehr Misstrauen zu erregen, als Vertrauen zu erwecken. Weil die Beutel ja zerbröselt sind, ist es nun in Rudys Jacke eingewickelt.

Plonk hat sich auf einem Mauervorsprung niedergelassen, von welchem aus er einen guten Überblick hat, und krächzt bedrohlich. Irritiert sucht der Torwächter mit den Augen nach dem gefiederten Unruhestifter, dann mustert er wieder die drei Teenager, die ihm in ihren neuzeitlichen Kleidern verdächtig vorkommen. «Von welcherorten kommt Ihr, sonderbares Gesindel?» Ungeduldig entgegnet Rudy: «Wir kommen, um die Stadt vor einem Angriff zu warnen; jetzt lasst uns doch endlich rein!» Seraina prescht vor: «Die Glanzenberger wollen angreifen, und wir haben die Geheimwaffe, die Zürich retten soll!» Verwirrt blickt der Bärtige aus seinem Guckloch, dann flucht er vor sich hin, schliesst das kleine Fenster und macht sich offenbar am Stadttor zu schaffen, welches er unter grossem Geächze und Geknarre öffnet. Als das Tor offen ist, stehen noch zwei weitere Wächter Spalier, bewaffnet, und mustern die Jugendlichen misstrauisch. «Diese drei begehren die Ratsherren zu sehen», gibt der Wächter den Bewaffneten Anweisung. «Bringt sie zum neuen Rathaus.» Erleichtert atmen Rudy, Seraina und Margarethe auf, als sie endlich eintreten können, worauf sich das Tor rasch hinter ihnen schliesst. Sie werden eskortiert: Ein Bewaffneter geht voraus, der andere folgt als Schlusslicht. Plonk hält sich in der Luft direkt über der Gruppe. «Die reinste Eskorte», bemerkt Rudy beeindruckt und gleichzeitig amüsiert. «Schaut mal, wir gehen jetzt dort vorbei, wo heute das Theater am Neumarkt steht.» – «Und das Baugeschichtliche Archiv», fügt Margarethe hinzu – «Woher kennst du das denn?», wundert sich Seraina. «Ich meine das Archiv; das Theater kenne ich auch.» – «Mein Papa war schon dort, um etwas nachzusehen, wenn die Naturschützer wegen eines neuen Bauprojektes Einsprachen machen wollten», erklärt sie. «Er wollte nachforschen, welche Gebäude früher dort standen, beziehungsweise ob es sich um eine einstige Brachfläche handelte, die wieder unter Schutz gestellt werden konnte.» – «Ach, du meinst, er bezog sich dann auf die frühere Bebauung als Argument? Oder hoffte er, sogenannte Rettungsgrabungen anzuregen, die den Bau verzögern könnten, wie das ja auch auf dem Sechseläutenplatz passiert ist?», flicht Rudy ein. – «Ja, das war der Hammer, was die Archäologen dort alles fanden», schwärmt Seraina. «Eine komplette Pfahlbausiedlung, wenn man sich das mal vorstellt!» – «Ich habe die mal mit einer virtuellen Brille erkundet, bin durch das Pfahlbaudorf gewandelt. Der Wahnsinn!», erzählt Margarethe mit verträumtem Blick. «Mein Papa hat mich mitgenommen; er hat Freunde unter den Archäologen, und die haben sozusagen eine Privatführung für uns veranstaltet.

Mit ihm war ich auch im Baugeschichtlichen Archiv, da hat er mir alte Stadtansichten von Zürich gezeigt. Ich wünschte, ich hätte jetzt Kopien davon; die würden uns zur Orientierung helfen.» – «Wo ja unser Spezialist leicht eingeschränkt ist ohne sein Ding», flachst Seraina mit Seitenblick zu Rudy, welcher gleich protestiert: «Also Moment mal, ich weiss sehr genau, wo wir sind und wo wir hinmüssen! Wir sind jetzt in der Spiegelgasse, an welcher Lenin gewohnt hat, natürlich erst später, und dann kommen wir zu dem Wohnturm, welcher dem Restaurant den Namen geliehen hat.» – «Ja, dort hat es doch eine Inschrift, irgendwas Italienisches, aus der Lombardei; hiess der nicht Lamparterturm?», versucht sich Margarethe zu erinnern. – «Keine Ahnung, ich habe da nie darauf geachtet», gesteht Seraina. «Aber der heisst jetzt sicher anders, ich meine heute oder gestern oder wie auch immer wir das nennen wollen, wo wir jetzt grad sind.» – «Entschuldigung», wendet sich Rudy an die Eskorte. «Wie heisst dieser Turm?» Sie halten an vor dem Turm, welcher tatsächlich stark an den Nachbarn des Restaurants im Niederdorf des 21. Jahrhunderts gemahnt. Natürlich trägt er noch keine Inschrift. Der Anführer überlegt einen Augenblick, dann wirft er seinem Kollegen, dem Schlusslicht, einen fragenden Blick zu: «Ueli, hat dieser Turm einen Namen?» – «Keine Ahnung, da wohnt eine reiche Familie. Wir sagen dem Brunnenturm, weil er beim Brunnen steht. Aber der da unten, der heisst Schwendenturm.» Die Gruppe blickt hinunter auf einen prachtvollen Wohnturm. Margarethe bricht ins Schwärmen aus: «Jetzt sehe ich endlich mal den Turm gegenüber vom Café Weissenfluss!» Die andern sehen sie verwundert an. «Ja, dort ist doch eine Inschrift mit Wappen, dass an dieser Stelle ein Wohnturm war, und ich hatte mich immer gefragt, wie der aussah.» Der Anführer spricht: «Dies ist der Wohnturm der Ritter Manesse und Schwend.» – «Ich will ja nicht drängen, aber wir sollten nicht mehr Zeit verlieren», mahnt Seraina zum Aufbruch. Sie bewegen sich weiter durch das Niederdorf in Richtung Limmat, bis sie vor dem Rathaus stehen. «Dies ist unser Rathaus, erst vor wenig mehr als zehen Jahren errichtet», erklärt der Anführer stolz. – «Das ist ja nur aus Holz», bemerkt Rudy missbilligend, worauf ihm die Männer finstere Blicke zuwerfen. – «Pscht, die sind, glaube ich, ziemlich stolz auf ihr Rathaus», flüstert Margarethe und spricht lauter: «Das ist wirklich ein schönes Rathaus, und es sieht noch so neu aus!». Die Mienen der Eskorte hellen sich wieder auf. «Ein gutes Rathaus haben wir», spricht der eine, und der andere fügt hinzu: «Jedoch haben wir kein Glück mit unserer Wasserkilchen, da der Boden weich ist.» – «Das Wasser unterspült die Ufermauern, darum musste der alte Bau weichen. Dieser ist auch erst vor fünfzehen Jahr erbaut, kleiner als zuvor.» – «Darum habe ich sie zuerst gar nicht erkannt!», entringt sich Rudy ein Ausruf. Die Männer blicken ihn erstaunt an. «Woher kennet Ihr unsere Wasserkilchen?», möchte das Schlusslicht wissen. – «Äh, wir sind in Zürich geboren», erklärt Seraina. Plonk krächzt, und Margarethe drängt: «Kommt, es eilt. Wir müssen rein.»

Plonk indes hockt bereits zufrieden auf einer Zinne des Rathauses. Er wagt es nicht zu nah an die Menschen heranzufliegen, aber seine Menschenfreunde will er auf keinen Fall aus den Augen verlieren. Als die drei im Stadthaus verschwinden, um das Schwert den Zürchern zu übergeben, sucht sich Plonk ein ruhiges Plätzchen in einem Baum vis-à-vis des Gebäudes. Er gönnt sich nach all den Strapazen ein kleines Nickerchen, aber stets ein Ohr auf den Eingang des Stadthauses gerichtet. Er will auf keinen Fall verpassen, wenn seine Freunde wieder auftauchen.

Die drei Freunde treten ein, während ihre Eskorte sich verabschiedet, um zum Stadttor zurückzukehren. «Also wenn ihr mich fragt, ich habe ein ganz mulmiges Gefühl bei der Sache», murmelt Rudy und bewegt dabei kaum die Lippen. – «Wieso? Wir haben doch das Schwert», beruhigt ihn Margarethe. – «Weil diese arroganten Ratsherren schon letztes Mal nicht besonders freundlich mit uns waren», pflichtet Seraina Rudy bei. «Aber

Mäggy hat Recht; das Schwert verleiht uns Schutz.» – «Und ausserdem können sie sehen, dass wir etwas für die Stadt Zürich unternommen haben», betont Margarethe und hält das Schwert umklammert. «Ausserdem wacht dein Rabe draussen; der würde eingreifen, wenn sie uns übel wollen», gibt Seraina zu bedenken.

Sie stehen einen Moment im Eingangsfoyer des hölzernen Baus, der stilvoll eingerichtet ist, mit Holzböden. Zögernd nähern sie sich der prachtvoll geschnitzten Holztüre, hinter der sich, wie sie sich vom letzten Besuch erinnern, der Ratssaal befindet. Bevor Rudy anklopfen kann, tritt eine Gestalt aus dem Schatten der hölzernen Säule, welche die Decke im Vorraum stützt. Vor Schreck zucken alle drei gleichzeitig zusammen. «Geck!», entfährt es Seraina. – «Jeck, wenn ich bitten darf!», spricht die bekannte Stimme ihres Stadtführers. Verwundert mustern Seraina, Margarethe und Rudy den buntgescheckten Mann, welcher wie ein Clown anmutet. Er bewegt sich auch entsprechend, noch exaltierter als bei ihrer ersten Begegnung. Er kommt Margarethe verdächtig vor. Instinktiv klammert sie ihre Finger stärker um den Griff des Schwertes. – «Mine Fründe, schön, seid ihr hier!», zeigt sich der Spielmann begeistert über die anscheinend unerwartete Begegnung. «Was ist euch widerfahren? Wo wart ihr so lange?» Misstrauisch beäugen ihn die drei Freunde, was dem Gecken nicht verborgen bleibt. «Ihr misstraut mir, aber warum? Habe ich euch nicht an den richtigen Ort geführt, bei unserer ersten Begegnung? Ich werde euch auch jetzt helfen, dass diese hochnäsigen Ratsherren nicht wieder eurer spotten werden! Mit Jecks Hilfe werdet ihr empfangen, wie es wichtigen Gesandten würdig ist!» Die drei Freunde tauschen Blicke aus, unsicher, wie sie auf das Angebot reagieren sollen. Jeck dreht eine halbe Pirouette und nähert sich dabei Margarethe, welche den Schwertgriff festhält, als wäre das Schwert an ihren Fingern angewachsen. Rudy und Seraina treten näher zu Margarethe, ihre Hände bereit, ebenfalls das Schwert zu ergreifen. Gleichzeitig rückt Rudy näher an die Türe heran, in der Absicht, anzuklopfen. Jeck kommt ihm zuvor mit einer eleganten halben Drehung und klopft laut mit seinem Fingerknöchel an das Holz. «Lasset eintreten die wichtigen Gesandten!», verkündet er lauthals, und nach einigem Zögern wird die Türe von innen geöffnet. Verwundert blickt ein Zürcher Ratsherr heraus, an den sich Margarethe noch vom letzten unerfreulichen Besuch erinnert. Er ist gerade im Begriff, die Türe wieder vor der Nase der drei Teenager zu schliessen, als Jeck seinen linken Fuss in den Türspalt stellt und mit einer ausladenden Bewegung beinahe Rudy eine Ohrfeige verpasst. Dieser zuckt zurück, und Jeck stösst die Türe auf mit lautem Jubel: «Gewahret die Retter in der Not!», stellt er die drei Jugendlichen vor, denen das Szenario ziemlich peinlich ist. «Sie bringen das, was die Stadt Zürich vor den Feinden bewahren wird!»

Einen Augenblick lang herrscht Totenstille; die Ratsherren, die offensichtlich in einer Versammlung sassen in Gegenwart des Grafen Rudolf von Habsburg, mustern den schillernden Vogel Jeck und die drei Teenager mit einer Mischung aus Verwunderung und Misstrauen. Aus einem unerklärlichen Impuls heraus schält Margarethe das Schwert aus Rudys Jacke und reckt es in die Höhe: «Hier ist das Schwert, welches Zürich retten wird!» Ein Geraune erhebt sich, unterbrochen von erstaunten Ausrufen: «Also ist es wahr! Die alte Legende von dem Schwert der Sieger!» Und Jeck schürt die Begeisterung mit seinen Worten: «Das Schicksal erfüllet sich mit diesem Schwert, das uns den Sieg wird bringen!»

Die Aufregung mündet in regelrechte Begeisterung. «Gefunden ist das Schwert, welches verloren gedacht!», jubelt ein glatzköpfiger Mann mit Spitzbart und fällt seinem Nachbarn, einem bärtigen älteren Herrn, der Margarethe an einen Zwerg aus einem Märchenbuch erinnert, um den Hals. Der Jubel ist ansteckend, und diesmal werden die drei Jugendlichen freundlich, sogar mit Applaus, empfangen. «Wahrhaftig bringen diese drei jugendlichen Leut die Waffe, welche unsrer Stadt den Sieg bringen wird!», freut sich ein Ratsherr mit Backenbart, und sogar Rudolf von Habsburg strahlt übers ganze Gesicht, was den Eindruck seiner Zornesfalte mildert. «Willkommen, junge Leut, die Ihr unsere Stadt rettet!», grüsst er die drei.

Unversehens hat sich Jeck wieder an die Schwertträgerin herangemacht, und ehe sie sich's versieht, greift er nach dem Schwertgriff und entwendet ihr die Waffe mit geschicktem Handgriff. Margarethe schreit auf, und der Spielmann singt: «Die Rettung ist da, das Schwert wird siegen, der Sieg ist nah, vorbei das Kriegen!» Rudy und Seraina sind schon zur Stelle, um das Schwert wieder in ihre Gewalt zu bringen, aber Jeck blickt fröhlich und verträumt drein, als könnte er kein Wässerchen trüben. Der Gesang ist ansteckend, und die Ratsherren johlen mit. Die drei Jugendlichen stehen um Jeck herum, bemüht, wieder Hand an das Schwert zu legen, weil sie dem Gecken misstrauen. Dieser dreht sich im Tanz, und seine Schritte führen ihn immer näher zum grossen Fenster, welches offen steht. Bevor jemand eingreifen kann, ist er schon auf das Fenstersims gesprungen, wo er jubelnd kauert und das Schwert spielerisch reckt. Fassungslos schreien die Teenager und stürzen zum Fenster. Der Fensterkauerer gewahrt die entsetzten Blicke der Teenager und hält inne: «Was sorget ihr euch, wo das Schwert doch bei mir in besten Händen ist? Hier!» – und damit überreicht er die Waffe feierlich der Schwertträgerin Margarethe, «Nehmet diese wundersame Waffe und führet uns zum Sieg.» Dabei deutet er eine Verbeugung an. Verdutzt steht Margarethe mit dem Schwert in den Händen da, und ihre Freunde atmen auf. Doch die Erleichterung währt nicht lange: Ein flinker Jüngling, der eben noch Getränke an die Ratsherren von Zürich und die drei Helden serviert hat, rempelt Margarethe an und entwendet der Schwertträgerin ihre Trophäe. Ein kollektiver Aufschrei begleitet den Sprung des wieselflinken Jünglings, der an Jeck vorbei aus dem Fenster flieht. Niemand begreift, was gerade geschehen ist, und Jeck ist es, der am lautesten jammert und schimpft. «Haltet den Dieb! Haltet ihn!», brüllt dieser und lehnt sich so weit aus dem Fenster, dass er fast hinunterfällt. Wie begossene Pudel stehen die Ratsherren da und erinnern Margarethe in ihren Gesichtsausdrücken an Schafe. «Das hatten wir doch schon mal», denkt sie. «Die Schafe und das verschwundene Schwert… wieso wiederholt sich eigentlich immer alles?»

Rudy und Seraina stürmen aus dem Saal in Richtung Ausgang, und vom Fenster herein dringt plötzlich grosses Geschrei, als wäre es ein Echo. Ein heiseres Schreien wird untermalt von grossem Gejammer. Von einem Verdacht gepackt, rennt Margarethe quer durch den Ratssaal zum Ausgang, reisst die Türe auf und erblickt ein seltsames Spektakel: Der wieselhafte Dieb hält die Hände über seinen Kopf, um sein Haupt zu schützen vor den Angriffen eines wütenden grossen Kolkraben, welcher ihn nicht nur mit Krallen und Schnabel traktiert, sondern mit dem Schwert, welches er dem Jüngling offensichtlich entwunden hat. Jeck jubelt aus dem Fenster; der Dieb stürzt schreiend davon; Plonk lässt von ihm ab und landet zu Margarethes Füssen mit dem Schwert in seinen Krallen «Grrrita, Schwe di», gurrt er feierlich und ist wieder ganz friedlich.

# 10
# Drei Tage Stadtluft

Nachdem das Schwert erneut gerettet wurde, schlagen die drei Teenager den Zürcher Ratsherren vor, ein Duell mit Glanzenberg zu veranstalten, statt mit einer Schlacht Menschenleben in Gefahr zu bringen. Die Ratsherren von Zürich finden das eine ausgezeichnete Idee und senden sogleich einen Boten nach Glanzenberg. Die Antwort kommt noch an demselben Abend per Pferde-Kurier. Lütold VI. sagt zu, um sein Gesicht nicht zu verlieren. Das Duell soll in drei Tagen stattfinden.

«Diese Warterei finde ich unerträglich!», beklagt sich Margarethe am nächsten Morgen, als sie im Morgengrauen erwacht, nach ihrer dritten Nacht im 13. Jahrhundert. – «Was jammerst du schon am Morgen früh?», stöhnt Rudy, der sehr verschlafen aus der Wäsche guckt. Seraina, die in der Mitte zwischen den beiden liegt, rührt sich nicht. «Hey, Raina, schläfst du wirklich, oder tust du nur so?», ruft Mäggy und stösst sie an, worauf die Angesprochene missmutig brummt und sich auf die andere Seite dreht. Margarethe seufzt: «Wie kann man nur in einer solchen Situation friedlich pennen!» Rudy richtet sich auf den Ellbogen auf seinem Lager auf. «Na ja, ich kann überall schlafen, aber ich gebe zu, dass es nicht sonderlich bequem ist hier in dieser Besenkammer.» Er lässt seinen Blick durch den winzigen Raum schweifen, der an eine kleine Abstellkammer erinnert und vermutlich auch als solche benutzt wird. Staubig ist er, voller Spinnweben, und bietet knapp Platz für die drei Freunde. «Das Strohbett ist unmöglich!», mault Margarethe. – «Na, na, du bist doch so eine Naturburschin, dachte ich! Mit deinem Naturfreundvater? Ich finde es gemütlich, mal auf Stroh zu schlafen!», schwärmt Rudy. «Ich fand es schon als kleiner Junge das Grösste, eine Nacht im

Heuschober zu verbringen, und manchmal übernachte ich bei meiner Merry Cherry im Stall.» Seraina niest laut, dann schnieft sie verärgert: «Kannst froh sein, dass du keinen Heuschnupfen hast!» – «Das ist Stroh, meine Liebe!», belehrt Rudy sie. «Davon solltest du keine Allergien bekommen.» – «Das ist doch meinem Heuschnupfen wurscht!» – Margarethe mustert ihre Freundin verwundert, deren Augen ungewöhnlich geschwollen sind. «Seit wann hast du Heuschnupfen, Raina? Das hast du mir nie erzählt.» – «Ist auch nicht besonders interessant, oder?», brummt diese missmutig. «Normalerweise habe ich auch keine Probleme und in der Pollensaison einen Spray dabei, aber die Saison wäre jetzt eigentlich vorüber, und ich hatte nicht damit gerechnet, ohne Vorwarnung ausgerechnet im Heu zu schlafen.» Sie niest laut. «Wir hatten ja, schnief, keine Übernachtung eingeplant, darum habe ich auch keine Ersatzkleider dabei, schnief, was mich ehrlich gesagt auch stört.» – «Hm, also erstens schlafen wir nicht einfach im Heu, sondern auf einer als Bett hergerichteten Strohmatratze…», referiert Rudy und wird von Seraina unterbrochen: «Matratze! Dass ich nicht lache! Ein vergammelter Strohhaufen mit einem schmutzigen Tuch darüber, auf welchem weiss ich wie viele Leute schon gelegen und geschwitzt haben und über den schon weiss der Kuckuck wie viele Wanzen gekrochen sind!» – «Besser als Flöhe», grinst Margarethe, und Rudy räuspert sich verärgert: «… und zweitens finde ich die Gastfreundschaft der guten alten Brunhild bemerkenswert. Dass die alte Krämerin uns so einfach in ihr Haus aufnimmt, wo sie uns doch gar nicht kennt.» – Seraina verzieht das Gesicht: «Aber diese sauberen Ratsherren hätten uns, die wir ihre Stadt retten, wirklich eine bessere Übernachtungsmöglichkeit verschaffen können!» – «Was erwartest du denn? Dass sie extra für uns schnell ein Fünf-Sterne-Hotel bauen? Oder dass wir unsere Schlafsäcke im neuen Rathaussaal ausrollen dürfen?», entgegnet Rudy, und Margarethe prustet los: «Und dass sie dir edle Gewänder zur Verfügung stellen? Du kannst ja die Nonnen fragen, ob sie dir einen Habit borgen!» Margarethe und Rudy brechen in Gelächter aus, und sogar die Allergiegeplagte muss mitlachen beim Gedanken daran, in Nonnenkluft herumzulaufen. Margarethe grinst: «Würde dir sicher stehen, so ein Pinguin-Outfit!» – «Heilige Seraina, betet für uns!», flachst Rudy. – «He, nicht spotten, das ist Blasphemie!», fährt ihn Seraina an, und die beiden anderen zucken verblüfft zusammen. – «Seit wann bist du religiös?», wundert sich Rudy. – «Also ich bitte dich! Ich glaube im Fall schon an etwas, aber glaub ja nicht, dass du mich verulken kannst!» – «Entschuldigung! Ich wollte dich nicht verletzen», reagiert er zerknirscht, worauf Seraina ihrerseits losprustet. «Also wenn, dann glaube ich an die keltischen Tiergötter, und ich würde lieber ein Hirschfell tragen als einen Nonnenhabit!» – «Da mach ich mit!», stimmt ihr Margarethe begeistert zu. «Also ich wäre dann lieber ein Rabe, und du darfst der Hirsch sein.» – «Bloss, was machen wir mit Rudy?», flüstert Seraina ihrer Freundin zu. «Der will doch immer der Hirsch sein!» Beide lachen erneut los, worauf Rudy einwendet: «Ich bin sowieso immer der Hirsch, ob mit oder ohne Fell, und ihr gehört geteert und gefedert, ihr frechen Rabenfrauen!» Von draussen antwortet ihm ein lautes <Kra, kra!>. Rudy zuckt zusammen: «Ich muss mich wohl vorsehen, da Mäggys Bodyguard aufpasst!»

In der engen Kammer ist es fast nicht möglich, sich umzuziehen, aber da die drei Freunde ohnehin nur die Kleider dabeihaben, die sie am Leibe tragen, gibt es keine ausgiebige Morgentoilette, bis sie bereit zum Aufbruch sind. Seraina bürstet sich noch notdürftig die Haare mit ihrer Haarbürste, die sie stets in ihrem Rucksack bei sich trägt. «Lass mich bitte auch mal, Raina», fleht Margarethe, deren Haarschopf ziemlich wild geworden ist. – «Von mir aus tauschen wir eben unsere Läuse aus», erwidert Seraina lakonisch. Rudy schmunzelt: «Ihr Frauen seht jeden Tag wilder aus mit euren Haaren!» Die beiden Angesprochenen knurren im Kollektiv. «Und waschen wäre auch mal was...», seufzt

Seraina sehnsüchtig. «Ich möchte einen Brunnen suchen und mir wenigstens meine juckenden Augen auswaschen.»

Die drei Freunde treten aus der Kammer, deren Türe direkt hinaus führt auf das Rehgässchen. Zumindest glaubt sich Seraina zu erinnern, dass das in der Gegenwart so heisst. Sie befinden sich gerade um die Ecke vom Neumarkt, wie die Strasse oder breite Gasse genannt wird, wo aber seltsamerweise kein Markt stattfindet. Ihre „Vermieterin" Brunhild hatte jedoch auch vom „Njuwen Märt" gesprochen und auf den freudigen Aufschrei der Mädchen, welche einen Mittelaltermarkt vermuteten, wie man ihn im 21. Jahrhundert romantisiert präsentiert, mit Bedauern reagiert: Da sei leider kein Markt, und niemand wisse, warum man vom Neumarkt spreche. Das nahe Stadttor heisst auch so.

«Wo finden wir hier nur einen Brunnen?», rätselt Seraina. – «Kommt, wir fragen uns durch; da wird uns wohl jemand Auskunft geben können», schlägt Margarethe vor. «War da nicht am Rennweg einer?» – «Du meinst, dort, wo bei uns, ich meine, in unserer Zeit so ein Schacht ist, in den man hinuntergucken kann?», erinnert sich Rudy. – «Ja, und runterfallen», flachst Seraina. «Ich glaube, ich weiss, wo ihr meint. Aber das ist ein bisschen weit von hier aus.» – «Stimmt», brummt Margarethe nachdenklich, und Rudy platzt heraus: «Was verzapft ihr denn für einen Quatsch, wo wir einen Brunnen direkt vor der Türe haben!» Tatsächlich steht ein Sodbrunnen am Neumarkt – ein Ziehbrunnen, an welchem schon mehrere Frauen mit Eimern bewaffnet anstehen, bis sie an die Reihe kommen. Seraina beobachtet das Treiben besorgt. «Wir haben keinen Eimer!» – «Alles im Eimer!», witzelt Rudy. – «Ich will mich aber waschen, im Gegensatz zu dir, du Dreckschwein!», fährt sie ihn an. Margarethe tritt beschwichtigend zwischen die beiden Streithähne: «Ruhig, ruhig, die Leute glotzen schon rüber! Wir wollen doch kein Aufsehen erregen! Das Wasser wird doch mit dem Eimer hochgezogen, der an der Seilwinde hängt, und der gehört zum

Brunnen.» – «Und dann? Soll ich einfach den Gemeinschaftskübel benutzen, um meine schmutzigen Hände zu waschen? Das ist doch unhygienisch!» Rudy grinst: «Keine Sorge, ich leere dir einfach den Kübel über den Kopf, dann geht das alles ganz hygienisch zu und her!» Wenn Blicke töten könnten, würde Rudy auf der Stelle umkippen.

Nach geraumer Zeit sind die drei an der Reihe und helfen einander, indem sie sich gegenseitig aus dem Schöpfeimer Wasser über die Hände leeren und sich damit auch ihre Gesichter waschen. Seraina ist mit dieser „Katzenwäsche" zwar nicht glücklich, aber sie wirkt schon deutlich entspannter, nachdem sie ihre vom Stroh gereizten Augen auswaschen konnte. «Das Wasser stinkt!», mault sie, und die andern beiden schicken einander amüsierte Blicke. Margarethe ist diesbezüglich unkompliziert, und Rudy möchte als junger Mann nicht zimperlich erscheinen. Immerhin ziehen sie besser gelaunt als vor der Waschaktion los, und ohne sich abzusprechen, schlagen sie die Richtung zur Limmat ein.

«Wo ist eigentlich Plonk?», fragt sich Margarethe, als ein Krächzen von den Dächern herab Klarheit schafft. Ihr Rabe folgt ihr heimlich, denn er hat Respekt vor dem Mittelalter-Volk. Der kluge Plonk begnügt sich damit, seine Freunde aus sicherer Distanz im Auge zu behalten, ohne sich in Gefahr zu begeben. Margarethe ist beruhigt, zu wissen, dass ihr Rabe stets in der Nähe ist.

Als sie weitergehen, stutzt Margarethe und zieht Rudy am Ärmel: «Schau mal, dieses Mädchen!» – «Was denn? Meinst du wegen der komischen Pantoffeln? Mir ist doch die Mode von damals piepegal!» – «Nein, schau mal, ihr Gesicht, ihre Haare!» Rudy blickt dem Mädchen nachdenklich hinterher. «Stimmt, jetzt, wo du's sagst… sie erinnert an Lucia!» Seraina wirft ihm einen verwunderten Blick zu und fragt misstrauisch: «Wer ist Lucia? Deine Ex-Freundin?» Rudy schaut verdattert drein, und

Margarethe antwortet an seiner Stelle: «Quatsch, Rudy hat doch keine Ex!» Dieser blickt düpiert zu ihr: «Traust mir das etwa nicht zu?» – «Ich kenn dich schon zu lange! Das wüsste ich!», fügt sie augenzwinkernd hinzu. – «Ach so, ich dachte, ihr zwei wart mal ein Paar!», flachst Seraina. Die beiden blicken Seraina völlig verblüfft an, und Rudy stottert: «Mäggy… ist, ist… wie… äh, wie eine Schwester für mich.» Die Erwähnte errötet und deutet auf die Lucia-Doppelgängerin, welche an der Strassenecke mit einer älteren Frau mit Haube plaudert: «Lucia war unsre Primarschulfreundin; sie ging in die Parallelklasse und hat die Gymiprüfung leider nicht bestanden.» Seraina reagiert darauf stirnrunzelnd: «Dann bin ich sozusagen euer Lucia-Ersatz?» – «Nein, du bist ganz anders, du bist… unvergleichlich!», widerspricht Rudy. «Mit Lucia waren wir befreundet, aber… na ja, nicht so eng.» Nun erröten alle drei. Dass sie einander mögen und eine besondere Freundschaft pflegen, ist allen klar, wird aber unter Teenagern nicht so direkt ausgesprochen, weil es schnell peinlich wird. Seraina bricht das Schweigen: «Also keine Dreiecksbeziehung wie bei uns?» Die drei prusten los.

Margarethe wird wieder nachdenklich: «Lucia war eine liebe Freundin, aber sie hat sich auch verändert seit der Primarschule, pflegt andere Interessen und meldet sich auch nur noch selten. Und wenn, dann ist meistens irgendetwas Schreckliches passiert.» – Rudy fügt hinzu: «Sie hat sich so ziemlich zur Drama-Queen entwickelt, und das nervt manchmal tierisch!» Seraina nickt: «Ja, das kann ich mir vorstellen, dass das nervt!» Rudy klopft ihr burschikos auf die Schultern: «Dabei bist du jetzt unsre Drama-Queen!» Sie faucht ihn an und will ihm, der davonrennt, nacheilen, wird aber von Margarethe zurückgehalten: «Benehmt euch, macht nicht so ein Geschrei, die Leute glotzen schon!» – Rudy grunzt: «Stimmt, im Mittelalter sollten Jungs und Mädchen sich wohl nicht prügeln, das macht sich nicht so gut.»

Sie ziehen weiter durch die Spiegelgasse, biegen an der Ecke Leuengasse in die Untere Zäune ein bis zum Lindentorturm. «Hier müsste doch die Kirchgasse abzweigen», mutmasst Rudy, aber Margarethe schlägt vor, dem Verlauf der Stadtmauer zu folgen bis zum Oberdorftor. Auf dem Weg am Geissturm vorbei bemerkt Rudy: «Das müsste die Winkelwiese sein, wo das Theater ist.» Seraina legt ihre Stirne in Falten: «Das ist gar kein richtiger Weg! Wir latschen den Leuten durch ihre Gemüsegärten!» Tatsächlich ruft eine Frau ihnen unwirsch etwas zu, und die drei nehmen blitzschnell Reissaus und suchen einen Trampelpfad, der zu einer Strasse oder Gasse führt.

«Wenn das nicht die Trittligasse ist, heisse ich Olaf!», ruft Rudy. – «Die hiess aber sicher anders, Olaf! Es hat ja noch gar keine Treppenstufen, Olaf!», erwidert Seraina grinsend. Auf dem steilen Pfad gelangen sie auf eine breite Strasse, die vom Stadttor her in Richtung Grossmünsterkirche führt. Margarethe ruft: «Schaut, das Oberdorftor, also muss das die Oberdorfstrasse sein. Komisch, wie anders alles aussieht!» – «Das wirkt alles so planmässig», beschwert sich Seraina angesichts der regelmässigen Bauten an der Oberdorfstrasse. – «Was erwartest du denn: dass die einfach so chaotisch Häuser hingepflanzt haben? Die lebten zwar im Mittelalter, aber nicht hinterm Mond! Sieh doch den Verlauf der Stadtmauer, der heute noch das Strassenbild prägt», doziert Rudy. – «Das liegt aber vor allem an der Limmat», wirft Margarethe ein. «Der Fluss ist ausschlaggebend für die Anlage der Stadt.» – «Nanu, seit wann drückst du dich so gebildet aus?», wundert sich Seraina. – «Wenn es um Natur und Geographie geht, bin ich nicht auf den Kopf gefallen», verteidigt sich die Naturfreundin. «Nur die geschichtlichen Zusammenhänge bringe ich nicht so recht auf die Reihe.» – «Ach was, du stellst dein Licht unter den Scheffel! Du weisst mehr, als du denkst; du getraust dich nur nicht, es zu sagen!», tröstet Rudy sie, was Margarethe ungemein schmeichelt.

Sie hat tatsächlich einen Minderwertigkeitskomplex, der vielleicht daher rührt, dass ihre Eltern so gebildet sind und so gut in ihrer Materie drauskommen – Bankdirektorin und Präsident eines politisch stark engagierten Naturschutzverbandes! Kein Wunder, dass sich die Tochter unterlegen fühlt. Zudem war sie in der Primarschule oft gehänselt und als Besserwisserin ausgeschimpft worden. Daher getraute sie sich in der Schule oft nicht, sich zu Wort zu melden, wenn sie etwas wusste, um nicht wieder diesen Ruf zu erlangen. Dass sie Freunde hat, hilft ihr gewiss, aber sie müsste dennoch auch alleine mehr Selbstvertrauen erlangen. Seraina ist da vielleicht abgebrühter und unabhängiger, weil sie schon früh ihre Eltern verloren hat und daher mehr auf sich selbst gestellt ist. Rudy andererseits ist zwar als Einzelkind ziemlich verhätschelt worden von seinen Eltern, doch er besitzt eine innere Stärke – vielleicht weil seine Eltern ihm früh Verantwortung übertragen haben, speziell Verantwortung für sein Pferd. Und sein Superhirn gibt ihm die Sicherheit, auch in kniffligen Situationen immer eine Waffe dabei zu haben: seinen messerscharfen Verstand. Darüber hinaus fühlt er sich mit seinen Begleiterinnen sowieso stark, auch wenn er für sein Alter immer noch klein ist. Zu dritt jedenfalls sind sie stark, und daher kann es sie jetzt auch nicht schrecken, durch das Zürich des 13. Jahrhunderts zu spazieren und ab und zu jemanden nach einem Gebäude oder Ort zu fragen. So vergeht der erste „freie“ Tag, den sie seit ihrer Ankunft im Mittelalter haben, sozusagen wie im Flug. Müde fallen sie auf ihr Bett, nachdem sie von der gutmütigen, aber wortkargen Brunhild einen Teller Suppe mit Brot serviert bekommen haben.

Die folgende Nacht verbringen sie zwar auch unruhig auf ihrem Strohlager, sind aber gespannt, die Stadt weiter zu erkunden und gleichzeitig etwas unruhig, weil das Duell immer näher rückt. «Blöd, wenn man untätig warten muss!», mault Seraina, «Ich möchte, dass es endlich vorwärts geht!» – Rudy jedoch hat der Entdeckergeist gepackt: «Ich möchte möglichst viel vom alten

Zürich sehen; so eine Gelegenheit werden wir so schnell nicht wieder bekommen!» – «Hört, hört, sogar ohne seinen mobilen Besserwisser ist unser Rudolf wissbegierig!», spottet Seraina, «... während Mäggy statt dem Schwert meine arme Bürste schwingt!» Die Genannte kämpft mit Serainas Haarbürste, was ihrer Frisur jedoch nicht unbedingt zum Vorteil gereicht. Irgendwann ist sie der Sache überdrüssig und bindet sich mit einem Haargummi einen Pferdeschwanz: «Ich hasse Rossschwänze, aber der Filz auf meinem Kopf ist nicht mehr kämmbar!» Seraina lacht: «Dein Haarvolumen hat sich verdoppelt; wie viel Stroh hast du eingeflochten? Und Rudy sieht aus, als hätte er einen Elektroschock verabreicht bekommen!» Bevor sich die beiden buchstäblich in die Haare kriegen, macht Margarethe einen Vorschlag. «Kommt, gehen wir zu unserem Brunnen. Raina, dein Heuschnupfen scheint besser zu sein», wendet sie sich an ihre Freundin, welche nickt: «Wegen des kalten Wetters hat sich meine Allergie beruhigt; an das Stroh habe ich mich offenbar schon gewöhnt.»

Sie ziehen los, und Rudy brummt: «Ich vermisse das Rehbock-Gestirn», worauf ihn beide Mädchen verwundert ansehen. «Na ja, ich verulke nur den Namen dieser Kaffeehauskette mit dem fürchterlich süssen Kaffee, welcher einen sofortigen Energieschub verabreicht, der bis Mitternacht anhält.» – «Ach so!», grinst Margarethe, «Ich dachte schon, du sprichst von Fao.» – «Wer ist das denn?», möchte Seraina wissen und wird von ihrer Freundin aufgeklärt über den geheimnisvollen Rehbock, welcher beim ersten Schwertfund vor vielen Jahren hilfreich war und Margarethe auch moralisch unterstützt hatte: «Fao ist eigentlich eine Romanfigur, aber er war auf wunderbare Weise plötzlich da, als ich Hilfe brauchte, ein echter Freund in der Not.» – «Ich dachte, das war ich?», flachst Rudy. – «Ja, du auch, aber Fao war irgendwie magisch.» Rudy zieht eine Schnute, worauf Seraina kichert: «Schmollmund wirkt bei Jungs noch dämlicher als bei Girls!» – «Kommt, ziehen wir los!», befiehlt dieser genervt.

Nachdem sie am Vortag das Ober- und Niederdorfquartier ausgiebig erkundet haben entlang der rechtsufrigen Stadtmauer zwischen den gleichnamigen Toren, möchten sie heute über eine der Brücken über den Fluss gelangen. «Kommt, wir gehen am Grossmünster vorbei und dann zur Wasserkirche», schlägt Seraina vor, «Dann können wir über den Pilgersteg hinüber zum Münsterhof.» – «Ich frag nochmals: Seit wann bist du denn so religiös?», neckt Rudy sie, und Margarethe wirft ein: «Ich glaube eher, sie möchte alle Kirchen der Stadt besichtigen wie eine asiatische Touristin!» – «Quatschköpfe seid ihr!», zischt Seraina. «Aber Kirchen waren schon immer gute Orientierungspunkte in einer fremden Stadt.»

Vom Neumarkt gelangen sie auf direktem Weg zum Rindermarkt, der seinem Namen nicht gerecht wird: Weder am Neunoch am Rindermarkt wird Vieh feilgehalten, weil das innerhalb der Stadtmauern verboten ist. Jedoch verrät ihnen ein Zürcher, dass vor dem Neumarkttor an jenem Tag ein kleiner Viehmarkt stattfindet. Rudy fühlt sich magisch angezogen, in der Hoffnung, Pferde zu sehen, und er drängt seine Freundinnen, einen Blick auf den Markt vor den Toren Zürichs zu werfen. Schon von Weitem hören sie es muhen und brüllen und treten durch das Neumarkttor hinaus vor die Stadtmauer, wo im Burggraben Markttreiben herrscht. Lärm und Gestank sind fast nicht auszuhalten, und Margarethe tun auch die Kälber und Ferkel leid, aber Rudy sucht Pferde und lenkt erst ein, als er erfährt, dass der Rossmarkt vor dem Oberdorftor abgehalten wird. Sie machen kehrt – durch das Getümmel von Tieren, Händlern und Kauflustigen – und treten wieder durch das Tor und weiter durch die Neumarktgasse in Richtung Rindermarkt. Rudy verspürt grosse Lust, zum Oberdorftor zurückzukehren, was seine Freundinnen jedoch nicht mittragen. Sie wollen über den Fluss, wie abgemacht.

Dort, wo der Neumarkt in den Rindermarkt mündet, auf Höhe der Froschaugasse, zuckt Margarethe plötzlich zusammen. Ihre

Freunde bemerken das sogleich. Instinktiv legt Seraina ihrer Freundin einen Arm um die Schultern: «Was ist los, Mäggy? Ist dir nicht gut?» Diese ist kreidebleich geworden. Auch Rudy schaut ihr besorgt ins Gesicht: «Du bist weiss wie eine Wand!» Margarethe schluckt leer und schickt einen angstvollen Blick in die Gasse, die am Übergang zur Neumarktgasse in die Rindermarktgasse nach rechts abzweigt: «Dort… ungute Erinnerungen.» Mehr ist nicht aus ihrer herauszukriegen, aber Rudy begreift sofort: «War das ein Ort, an welchem dir etwas Schlimmes widerfahren ist?» – «Ja… dort», murmelt Margarethe, und das Grauen kriecht ihr mit Gänsehaut über den ganzen Körper. Lange ist es her, aber den Ort ihrer Gefangennahme vergisst sie nicht so einfach. Sie war damals wieder zu sich gekommen am Rindermarktbrunnen, mitten in der Nacht, und musste den weiten Weg bis nach Hause zu Fuss gehen, in der ständigen Angst, wieder überrumpelt zu werden. Da sie oft in der Zeit zurückversetzt worden und sowohl in der Vergangenheit als auch in der Gegenwart in Gefangenschaft geraten war, traute sie dem 13. Jahrhundert nicht. Und sie waren ja bereits im Kerker gelandet, zwar in Glanzenberg, aber es war durchaus möglich, dass ihnen jemand im alten Zürich auflauerte.

Als hätte er ihre Gedanken gelesen, redet Rudy Margarethe zu: «Mach dir keine Sorgen; es gibt keinen Grund, dass du hier überfallen wirst!» Seraina drückt ihre Freundin fester an sich: «Ausserdem sind wir da und passen auf dich auf!» – «Hat uns zwar im Kerker nicht viel genützt, als wir alle drei in der Patsche sassen!», gibt Rudy etwas leiser zu bedenken, aber jetzt ist es Margarethe, die mit kraftvoller Stimme erwidert: «Gemeinsam sind wir stark, und mit euch kann mich nichts erschüttern!»

Als sie weiter Richtung Limmat schreiten, bemerkt Seraina nachdenklich: «Komisch, dass dir das nicht schon früher aufgefallen ist, wo wir doch direkt um die Ecke wohnen.» – «Stimmt, aber mir war die Nähe nicht bewusst, weil die Häuser ganz anders aussehen und weil wir gestern ja durch die Spiegelgasse gegangen waren.» – Rudy unterbricht: «Und durch das Rehgässchen, zu Ehren von Fao!»

Vor lauter Eindrücken vergisst Margarethe den Schreck schnell. «Die Stadt wirkt schon ganz anders ohne die Zunfthäuser», stellt Seraina fest. – «Jetzt, wo du's sagst!», reagiert Margarethe. «Darum ist auch der Limmatquai fast nicht wiederzuerkennen. In unserer Familie sind keine Zünfter; ich kenne diese Welt nicht gut – seit wann gibt es überhaupt Zünfte?» – «Ich kann es leider nicht nachschauen, aber ich glaube, erst später», gesteht Rudy kleinlaut. – «Seit dem 14. Jahrhundert!», trumpft Seraina auf und erntet bewundernde Blicke. «Ich hab halt in der Schule aufgepasst! Das waren die Handwerksvereinigungen; es gab deren zwölf in Zürich, aber fragt mich jetzt nicht, welche das alles waren.» – «Also die berittenen Zünfte kenne ich, das ist doch klar!», erwidert Rudy, «Das sind die neueren Quartierzünfte Wiedikon, Hard und Hottingen, dann Kämbel» – «Das sind die mit dem Kamel im Wappen!», weiss Margarethe, und Seraina ergänzt: «Die Kleinhändler, Gärtner, und Salzer.» – «Salzer?», wundert sich Rudy. – «Ja, und Öler, und besonders lustig finde ich die Grempler.» – «Wenn ich guuglen könnte, wüsste ich, ob du mir einen Bären aufbindest!», brummt er. – «Was sind wohl Grempler?», wundert sich Margarethe. «Verkaufen die Krempel?» – «Also es gab die Schmiden, wohlgemerkt ohne „ie“ geschrieben, die Weggen, die Schiffleute, die Zunft zum Widder», zählt Seraina auf. – «Waren das die Widerlichen?», lacht Rudy, «Und die in der Zunft zur Meise hatten einen Vogel! Und was wog die Zunft zur Waag wohl ab? Oder waren die besonders waghalsig?» – «Quatschkopf!», lacht Seraina. «Das waren die Hutmacher und Leinenweber, und die Meisen waren Gastwirte und Weinhändler. Dann gab es noch die Zunft zur Saffran, darunter naheliegenderweise die Gewürzhändler.» – «Du kennst dich ja gut aus, Raina! Ich kenn nur die Schmiede, Bäcker, Schneider und Gerber – und die Quartierzünfte», winkt Margarethe ab. «Darunter kann man sich wenigstens etwas vorstellen. Und es reichte, um in Heimatkunde eine genügende Note zu landen!»

Sie sind nun durch die Torgasse am Limmatufer angelangt und haben zwei Möglichkeiten, über den Fluss zu gelangen: über die Obere Brücke, welche zwischen Helmhaus, Wasserkirche und Rathaus hinüber führt zum Fraumünster, oder über die Kornhausbrücke. «Die anderen Brücken führen ja nicht über den ganzen Fluss», bemerkt Rudy mit Blick auf die weiter entfernten Stege: Werdsteg, Mittlerer und Oberer Mühlesteg. Sie entscheiden sich für den ehemaligen Pilgersteg, welcher die Kirchen verbindet. «Das ist die heutige Münsterbrücke», stellt Seraina fest, und ehrfürchtig halten die drei einen Moment lang mitten auf dem Steg inne und sehen sich um in ihrer Heimatstadt, wie sie im Jahr 1267 ausgesehen hat.

Von den vielen Eindrücken sind sie hungrig und froh um das Brot und die Äpfel, die ihnen Brunhild eingepackt hat. Sie schlendern über den Münsterhof, an der Fraumünsterkirche vorbei, staunen erneut über den zweiten Turm und schlagen dann den Weg hinauf zur St. Peterskirche ein. Sie debattieren eine Weile, ob sie in die Kirche hineingehen sollen, doch Seraina rät davon ab: «Das ist nicht wie heute, wo alle Touristen in die Kirchen reintrampeln können! Man ging in den Gottesdienst und glotzte nicht einfach in die Kirche und verschwand, ohne zu beten!» Margarethe stimmt ihr zu, obwohl sie zu gern das alte Gotteshaus von innen gesehen hätte.

«Gestattet mir, Euer Gespräch zu unterbrechen», dringt eine Stimme an ihre Ohren. Sie erkennen ein vertrautes Gesicht: Die weibliche Hälfte des Paares, das sie auf dem Lindenhof angesprochen hatten und das ihnen viel über die Türme der Stadtmauer erzählt hat. Gut gelaunt wirkt sie und lächelt die drei Jugendlichen freundlich an. Sie ist mit einer anderen Frau unterwegs und erzählt dieser: «Diese drey jungen Leut sind überaus wissbegierig.» Dann wendet sie sich an das Trio: «Wisset, dass die Stadt gewachsen ist und die Befestigung erweitert wurde», fährt sie fort. – «Ja, das habt Ihr uns auf dem Lindenhof schon erzählt», erinnert sich Rudy etwas ungeduldig, aber Margarethe winkt beschwichtigend ab. – «Unser Rennweg hier», spricht die Frau, die offensichtlich eine Bessergestellte ist, «ist die neue Verkehrsachse. Denn früher ging der Verkehr durch die Widder- und Augustinergasse.» Sie nickt mit ihrem Kopf in Richtung der besagten Gassen, welche die drei Jugendlichen aus der Neuzeit kennen. Margarethe lacht leise: «Der Rennweg ist ja heute weiss der Kuckuck keine Verkehrsachse mehr, sondern eine boutiquengesäumte Sackgasse.» – «Mit dem Kickboard ist er aber gut fahrbar», bemerkt Seraina. – «Ach, du bist eine dieser Rowdies!» Sie unterhalten sich noch kurz mit den beiden Damen, dann ziehen sie weiter zum Rennwegtor und folgen der linksufrigen Stadtmauer entlang dem Fröschengraben bis zum See. Bis sie dann wieder zurück sind in ihrem Schlafkämmerlein, sind alle drei zutiefst erschöpft.

Am dritten Tag überlegen sie sich, was sie noch besichtigen könnten. Das Duell rückt näher, und ihre Nervosität wächst. Sie haben die Stadt schon in alle Richtungen durchlaufen, und alles, was noch zu erkunden wäre, liegt in Richtung Schifflände und Limmat. Sie klettern nochmals auf den Lindenhof und blicken fasziniert über die Stadt und ihre machtvolle Mauer, welche sie auf beiden Seiten der Limmat beschützt. Der Tag vergeht wie im Flug.

# 11
# Das Duell

Nun ist es soweit: Der Tag des Duells ist da. Graf Rudolf von Habsburg und die Ratsherren von Zürich reiten an der Spitze des Zürcher Heeres. Prächtige Wappen auf hohen Stangen werden von einigen der Fusssoldaten stolz getragen. In Zweierreihen marschieren sie der Limmat entlang gen Westen, Richtung Glanzenberg. Die drei Teenager haben zum Dank für das Schwert von Glanzenberg je ein Pferd geschenkt bekommen. Während Rudy den Ritt an der Seite seines hochwohlgeborenen Namensvetters geniesst, fürchten sich Margarethe und Seraina auf dem hohen Ross. Rudy blickt zu den Mädchen hinüber, die beide mehr mit sich und dem Pferd beschäftigt sind als mit der Umgebung. So bemerken sie den Glanz in Rudys Augen nicht. Es scheint, als würde er sich plötzlich pudelwohl fühlen im 13. Jahrhundert, iFlat, Smartiefon und all die schönen digitalen Spielzeuge der Neuzeit scheinen vergessen. Doch als das Heer am Fusse des Burghügels von Glanzenberg steht, wird es auch Rudy ziemlich mulmig zumute.

Graf Rudolf von Habsburg sendet einen Boten zur Burg hinauf, während die Ratsherren von Zürich das Heer um den Burghügel herum aufstellen und so die Regensberger in der Burg Glanzenberg festsetzen. Nach gefühlter Ewigkeit kommt der Bote mit einer Antwort von Lütold VI. zurück. Nachdem Graf Rudolf von Habsburg das versiegelte Schriftstück gelesen hat, dreht er sein Pferd bei und richtet folgende Worte an die Teenager und die Ratsherren von Zürich, die wieder bei den drei weilen: «Glanzenberg ist bereit zum Duell. Ihr Held wird gleich den Hügel herunterkommen und unseren Helden erwarten!» – Die Ratsherren von Zürich rufen einen Schrank von Soldaten aus dem Heer herbei. Der Hüne hat Beine wie Godzilla und Arme wie Popeye. Er ist nur leicht gepanzert, um genug Bewegungsfreiheit zu behalten. Graf Rudolf von Habsburg zieht das Schwert von Glanzenberg aus einem Sack, der an einer Seite vom Sattel hängt, und reicht es ihm, den Schwertgriff voraus. Weil seine Hände in Kettenhandschuhen stecken, kann ihm die Klinge nichts anhaben. Der Hüne nimmt das Schwert entgegen und verneigt sich ehrfurchtsvoll vor dem Grafen. Letzterer ruft: «Für Zürich! Und zu Eurem Ruhm und Reichtum! Bei einem Sieg winkt Euch der Ritterschlag, ein praller Goldseckel und ein wertvolles Stück Land.» Der Hüne bekommt glasige Augen beim Gedanken an die fürstliche Belohnung, die ihm winkt. Er führt sogleich ein paar Probehiebe aus. Er hatte schon in Zürich mit dem Schwert von Glanzenberg üben können, doch nun galt es ernst.

Plötzlich geht ein Raunen durch das Heer, denn vom Hügel herab springt in flotten Sätzen ein hagerer Jüngling herab, ausgestattet mit einer florettartigen Waffe, einem zierlichen Schwert. «He, das ist Jeck!», ruft Margarethe aus und lässt den Mund offen vor Staunen. – «Was zum Geier macht diese miese Ratte hier? Hey, der ist ein ausgefuchster Doppelagent!», meint Seraina erbost. Auch Rudy kommt aus dem Staunen nicht heraus: «Und die Bohnenstange will gegen Popzilla antreten?» Es scheint, als würde Rudy ausdrücken, was das ganze Zürcher Heer denkt. Nur der Graf sitzt im Sattel, ohne eine Miene zu verziehen.

Oben am Burghügel entdeckt Margarethe Lütold VI. auf seinem hohen Ross, daneben vermutlich sein Bruder Ulrich und ein verhasster Bekannter: Helleborus auf einem dunklen Hengst. «Möge der Bessere gewinnen!», brüllt Lütold VI. herunter, da reckt der Zürcher Hüne das Schwert von Glanzenberg in die Höhe. In diesem Moment scheint der Hexer oben am Burghügel merklich zu schrumpfen vor Scham und Schreck – zumindest reimen sich das die Teenager zusammen, insbesondere, weil Helleborus Lütolds Blick ausweicht und verlegen an seinem Gewand herumnestelt.

Mehr können sie von unten nicht erhaschen. «Der wird vom Boss gegrillt, wenn die Prügelei da unten vorüber ist!», grinst Rudy, doch die beiden Mädchen trauen der Sache noch nicht so recht.

Und sie sollten Recht behalten, denn Jeck scheint genauso gut kämpfen zu können, wie er Musik macht. Popzilla holt aus und schwingt das Schwert von Glanzenberg über Jecks Kopf hinweg. Jeck lacht und duckt sich nur geringfügig: «Zu schwer das Schwert, hä? Zu fett der Kämpfer, hä? Schwabbelt wie ne alte Hex ohne Besen! Jetzt nimm das!» Und Jeck sticht mit seiner Waffe in gebückter Haltung ins Bein des Gegners. Der Zürcher schreit vor Schmerz und springt schwerfällig zur Seite. Da versucht es Jeck noch einmal, trifft aber nur den gepanzerten Bauch von Popzilla. Letzterer lacht jetzt und will das Schwert von Glanzenberg auf Jeck herunterkrachen lassen. Doch dieser ist sehr flink und entkommt dem Schwerthieb nur dank eines beherzten Sprungs in ein Sumpfloch. Das Zürcher Heer prustet los vor Lachen. Nur der Graf lacht immer noch nicht. Seine edlen Gesichtszüge sind geprägt von grosser Anspannung und totaler Aufmerksamkeit. Er lässt sein Pferd näher zu einem der Ratsherren von Zürich schreiten. Der Graf spricht leise, doch Rudy kann ihn hören: «Haltet Euch bereit, wenn der Unsrige verliert, stürmen wir Burg und Stadt Glanzenberg und machen dem ganzen Spuk hier und jetzt ein Ende.»

Jeck, keck aus dem Sumpfloch gehopst, sieht aus wie Zorro in einer Fangopackung. Doch es scheint ihm nichts auszumachen, völlig verdreckt zu sein, im Gegenteil: Er grinst, so dass man seine weissen Zähne in der Schlammmaske sieht. Sofort geht Jeck sozusagen vom Fango zum Tango über, denn sein Kampfstil gleicht mehr einem Tanz als roher Gewalt – er ist ja schliesslich Musiker. Er tänzelt um Popzilla herum und versucht den bedauernswerten Zürcher mit der Florettspitze zu treffen, wo er nur kann. Es wirkt, als würde ein Dinosaurier gegen eine Mücke kämpfen. Popzilla fuchtelt immer wilder mit dem Schwert herum. Doch dann besinnt er sich einer besseren Taktik: Er legt nun beide Hände an den Griff, um die Wucht und die Präzision seiner Hiebe zu erhöhen. Diese Methode zeigt Wirkung, denn der flinke Jeck entwischt jetzt nur noch sehr knapp den Schwerthieben seines Gegners.

Rudy lässt seinerseits sein Pferd den Platz wechseln. Er gesellt sich zu den Mädchen und flüstert ihnen zu: «Haltet euch bereit, wenn's zu Ende ist müssen wir abhauen, ich fürchte, die einen wie die andern werden bei einer Niederlage angreifen. Zumindest habe ich meinen Namensvetter belauscht, wie er die Zürcher ermahnt hat, bei einer Niederlage sofort anzugreifen.» Margarethe und Seraina nicken stumm, während sich Popzilla und Jeck weiterhin einen ungleichen Kampf liefern – Kraft gegen Geschicklichkeit. Jeck stösst gezielt mit seiner Waffe vor, während sich Popzilla abmüht, die Angriffe mit dem viel unhandlicheren Schwert von Glanzenberg abzuwehren.

«Warum zaubert das Schwert nicht? Plonk hockt doch da oben auf der Eiche, Schwert und Rabe sind da!», fragt sich Margarethe. Sie schaut zu ihrem Raben auf und schreit: «Plonk! Tu was, bitte!» Der Rabe blickt zu ihr, breitet die Schwingen aus und segelt in Schlangenlinien herunter. Popzilla erschrickt gewaltig, als der Rabe auf seiner Schulter Platz nimmt. In diesem Moment beginnt das Schwert erneut zu leuchten. Als die Florettspitze die helle Schwertklinge streift, zerbröselt Jecks Waffe in tausend Stücke. Mit einem hellen Schrei springt er zurück und rennt wie von der Tarantel gestochen den Hügel hinauf. Im selben Moment ertönt das Siegesgeheul des ganzen Zürcher Heeres. Oben sieht man Lütold fluchend die Hände über den Kopf schlagen. Helleborus hat sich mittlerweile ganz aus dem Umfeld seines Herrn verdünnisiert. Auch die drei Teenager strecken die Hände in die Höhe. Seraina ruft: «Zürich, wir haben dich wieder! Lass mich aufwachen im Zug!» Und sie schliesst die Augen.

Doch als sie sie wieder öffnet, sind alle drei immer noch am Fusse der Burg Glanzenberg. Plonk fliegt zu Margarethe. Sie drückt ihren Raben liebkosend an sich. Rudy jubelt wie nach einem gewonnen Fussballspiel, die Soldaten und die Ratsherren von Zürich klopfen sich gegenseitig auf die Schultern, nur der Graf steht da mit einem ernsten Ausdruck im Gesicht.

Jetzt setzen sich Lütold und sein Bruder in Bewegung und reiten dem Grafen entgegen, hinter sich ein Tross von Bediensteten mit Krügen und Bechern. Unten angekommen verbeugen sie sich vor dem Grafen, und Lütold spricht demütig, aber mit einem finsteren Blick: «Der Sieg ist Euer, lasset uns darauf anstossen und möge wieder Frieden sein!» – «Die Sieger befehlen Euch, Glanzenberg kampflos den Zürchern zu übergeben – Burg und Stadt sollen unter Zürcher Verwaltung kommen!», spricht der Graf mit lauter und klarer Stimme, sein tiefer Bass kommt jetzt bestens zur Geltung – eine sonore, sehr männliche Stimme. Serainas Herz klopft gerade etwas schneller, und Rudy bemerkt das mit einem Anflug von Eifersucht. «Hey, ich bin auch ein Rudolf, edle Dirn!», zieht er sie auf. Seraina errötet leicht. Margarethe indes ist mit Plonk beschäftigt und fragt sich, was sie jetzt wohl tun kann, um alle drei wieder in die Gegenwart zu bringen. Da steigt sie ungelenk vom Pferd und bittet Popzilla um das Schwert. Der Hüne gibt es ihr gerne, weil einer der Zürcher Ratsherren ihm einen grossen, prallen Beutel entgegenstreckt, vermutlich das versprochene Gold. Um es entgegenzunehmen, braucht er beide Hände.

Margarethe hat nun wieder das Schwert von Glanzenberg in Händen und Plonk auf der Schulter, doch nichts geschieht.

# 12
# Die Falle

Margarethe sieht, wie der Graf mit Lütold VI. anstösst auf eine friedliche Zukunft. Allen Soldaten wird ein Becher mit Wein gereicht. Auch die drei Freunde kriegen je einen Becher.

Als Rudy einen Schluck Wein nehmen will, greift Seraina mit der linken Hand an seinen Becher: «Warte!» Und sie zeigt mit der Rechten auf einen Soldaten, der bewusstlos zusammensackt. «Die Glanzenberger haben die Zürcher verhext!» Nach und nach fallen alle Zürcher in einen todesähnlichen Schlaf; auch der Graf liegt vornübergebeugt auf seinem Pferd. Nur Lütold und sein Gefolge sind wach – und natürlich die Teenager, die noch nicht getrunken haben.

Oben auf dem Burghügel erscheint Helleborus auf seinem dunklen Pferd und sieht jung aus wie damals nachts im Wald – sein Kopfhaar gleicht der Mähne seines Pferdes. Hinter ihm strömt Glanzenbergs Heer aus der Burg. Die Teenager sind baff vor Schreck. «Wie konnten sie so viele Soldaten in der winzigen Burg verstecken?», fragt sich Rudy, und Seraina meint: «Von hier aus sehen wir nicht hinter den Burggraben. Dort haben sie sich versteckt. Aber das müssen Verbündete oder Söldner sein, denn Glanzenberg selber hat doch gar nicht so viele Einwohner!» – Margarethe dreht sich zu ihren Freunden und ruft: «Schnell, reiten wir nach Zürich, wir müssen sie warnen, die Zürcher!» Die drei Freunde werfen sofort die Becher weg, wenden unter Rudys Führung ihre Pferde und galoppieren nach Osten. Helleborus Flüche und Zaubersprüche fliegen ihnen hinterher, doch die drei Freunde haben das Schwert und den Raben, der sich vor Margarethe am Sattel festkrallt. Rabe und Schwert vereint – Dieser Schutz wehrt allen Schadzauber ab. Zudem wechseln sie die

Flussseite, um allfälligen Verfolgern keine Spuren zu hinterlassen. An einer seichten Stelle preschen die Pferde quer durch das Flussbett auf die gegenüberliegende Seite.

Den drei Freunden mit Rabe kommt es wie eine Ewigkeit vor, bis sie endlich die Stadtmauern von Zürich erblicken. Sie werden dicht verfolgt von Helleborus und seinem Handlanger Jeck, der auf einem kleineren Ross hockt und reitet wie ein Husar – natürlich immer noch im Schlammkostüm, denn er hatte ja keine Zeit gehabt, sich umzuziehen.

Nun liegt eine Ebene vor ihnen. Rudy bringt sein Pferd dazu, alles zu geben. Die beiden andern Tiere bemerken, dass das Leittier aufdreht, und beschleunigen ebenfalls – mit immer bleicher werdenden Reiterinnen im Sattel. In halsbrecherischem Galopp donnern die Tiere an Zürichs Galgenplatz vorbei, wo sehr viel später einmal das Luxuseinkaufszentrum Glubos stehen wird.

«Macht die Tore auf!», brüllen die drei Teenager wie aus einem Mund. Und tatsächlich scheinen die Torwächter sie erkannt zu haben, denn die Tore gehen auf und schliessen sich knapp hinter ihnen. Helleborus und Jeck müssen abrupt bremsen, um nicht in die Tore zu knallen. Die Teenager hören nur ihre Flüche, nach ein paar Minuten ist es totenstill.

Zittrig steigen sie von den Pferden. Sie stehen wieder hinter dem Rennwegtor. «Langsam kennen wir uns aus hier», seufzt Rudy. Die Wachen kommen ihnen entgegen und helfen ihnen, indem sie die Zügel der zittrigen und nervösen Tiere halten. Rudy stottert: «Danke!» Margarethe und Seraina sind genauso mitgenommen wie ihre Pferde, nur Plonk wirkt munter. Er hat es sich auf einem nahen Dachvorsprung gemütlich gemacht und behält das Schwert von Glanzenberg im Blick.

Eine der Wachen tritt zu Rudy. Jetzt erst begreift Rudy, weshalb sie einfach so hereingelassen worden sind. Dieser Torwächter ist ein „alter“ Bekannter: Jerobold. Dieser fragt Rudy: «Was ist geschehen, Junker?» – Rudy keucht: «Das Heer… verhext… verhext… alle; sie schlafen… oder tot… weiss nicht.» Die Wachen schauen sich fragend und besorgt an. Mittlerweile stehen vier Kerle um die Teenager herum und löchern Rudy mit Fragen. Erst als einer vom Torturm herunterbrüllt, es täte sich da draussen etwas, stoppt die Fragerei. «Was genau?», brüllt Jerobold hinauf. – «Soldaten! Unter der Fahne Glanzenbergs!» – «Weit weg?» – «Ja, am Waldesrand erst. Dort sammeln sich Reiter, schwer bewaffnet, bald ist dort ein ganzes Reiterheer, denn es werden immer mehr!» Die drei Freunde schlucken leer.

«Wie kann es sein, dass so schnell so viele Soldaten hier sind?», fragt Rudy, worauf Jerobold, ausgebildet in Fragen der Kriegsführung, fachmännisch antwortet: «Der Wald ist geeignet, um sich zu verstecken. Wir haben schon seit Tagen dort Gesindel bemerkt. Das war alles gut geplant.»

«Was machen wir jetzt?», überlegt Margarethe. – «Wir müssen die übriggebliebenen Zürcher warnen!», reagiert Seraina mit besorgter Miene, und Rudy seufzt: «Aber die pennen doch, Helleborus hat sie doch verhext, schon vergessen?» – «Nein, aber die Glanzenberger stehen vor den Toren Zürichs… Es werden ja wohl noch wehrhafte Zürcher in der Stadt sein!», entfährt es Seraina. Margarethe indes kramt fieberhaft in ihren Erinnerungen: «Hm, das kommt mir irgendwie bekannt vor … aus den Tiefen meiner Primarschulzeit!» – «Ja, das war wirklich eine Tieffliegerzeit, an die ich mich nicht so gerne erinnere», flachst Rudy. «Kein Wunder, hast du das verdrängt. Ich meine, abgesehen von deinen Heldentaten waren die Primarschuljahre nicht so berauschend.» – «Das meine ich doch gar nicht, ich erinnere mich an eine Erzählung aus dem Heimatkundeunterricht. Irgendwas mit heldenhaften Frauen…» – «Ja!», ruft Seraina. «Die geharnischten Zürcherinnen!» Rudy blickt verdutzt zu ihr. «Was für Harnischfrauen? Klingt gefährlich!» – «Ja, die Zürcherinnen zogen doch die Rüstungen ihrer Männer an.» – «Hm, das klingt schräg…», wundert sich Rudy. «Also für den Karneval, um ihre Männer zu bezirzen, oder was?» – «Nein, du Dödel! Um die Stadt zu retten! Das war voller Ernst!», fährt ihn Seraina an mit einem Leuchten in den Augen. «Die Frauen waren wahre Heldinnen! Dank ihnen wurde Zürich gerettet.» – «War das denn jetzt, in unserer Zeit?», fragt Margarethe. «Ich meine, jetzt, also im 13. Jahrhundert? Ich weiss nur, dass auf dem Lindenhof so ein Denkmal mit einer Frau in Rüstung steht.» – «Ach so, hatte mich immer gewundert, was das soll», prustet Rudy. «Dachte, das habe mit der Fasnacht zu tun! Bitte, Raina, keine Knuffe mehr! Ich bin schon grün und blau!», weicht er lachend zurück. Seraina knurrt: «Du Macho! Traust uns Frauen gar nichts zu? Na warte, dir werden wir's zeigen! Wir gehen jetzt die Zürcherinnen aufhetzen!» – «Waah, und die machen dann Hackfleisch aus mir?», erschaudert Rudy mit ironischem Grinsen. Seraina grinst ihn frech an: «Wenn du dich nicht benimmst, könnte das tatsächlich passieren.»

Rudy bittet Jerobold, dass er sich um die Pferde kümmert. Dieser nickt und erklärt kurz, wo er die Tiere hinbringen wird – zu einem Stall um die Ecke. Dann meint er: «Die Glanzenberger mögen ein Heer da draussen aufstellen, aber die Stadtmauer und die Tore sind massiv und Zürichs Torwächter gut ausgebildet. Unsere Stadt kann nicht einfach so erstürmt werden, die belagern uns erst mal. Verlieret dennoch keine Zeit und holet Hilfe! Die Belagerung muss schnell aufgehoben werden!» Rudy nickt und verspricht es ihm. – Margarethe nimmt das Schwert an sich, unter den misstrauischen Blicken der Torwächter. Sie will nicht riskieren, es zu verlieren, denn solange Rabe und Schwert in Zürich vereint sind, kann Helleborus keine miesen Tricks anwenden, um die Tore trotz der aufmerksamen Wächter zu öffnen und die Stadt einzunehmen.

Jetzt eilen die drei Freunde durch den Rennweg. «Darum heisst der so, weil man immer rennen muss», bemerkt Rudy. Die drei streben an der St. Peterskirche vorbei, keuchend dem Münsterhof zu, wo ein kleiner Markt im Gange ist: Schweine, Hühner und Hasen werden in Holzkäfigen oder improvisierten Gehegen zum Verkauf angeboten. Sie erfahren: Kleinvieh darf innerhalb der Stadtmauern gehalten und verkauft werden. «Am Besten, wir wenden uns gleich an die Nonnen», schlägt Seraina vor. «Die kennen uns schon.» – «Dort vorne ist auch etwas los, wollen wir zuerst nachsehen?», erwidert Margarethe und eilt schon in Richtung von Kornhausplatz und Gemüsebrücke, wo emsiges Markttreiben herrscht. Wie es die Namen der Plätze vorgeben, die bis ins 21. Jahrhundert erhalten geblieben sind, werden Korn und Gemüse feilgehalten; Korn und Getreide vor dem Kornhaus beim Roten Turm, das Gemüse auf der Brücke. Die Händlerinnen, vorwiegend Frauen, haben Tücher auf dem Boden ausgebreitet, auf denen sie Feldfrüchte präsentieren. «Wen sollen wir nur ansprechen?», studiert Margarethe und lässt ihren Blick über die Marktbesucher schweifen, die offensichtlich kein bisschen beunruhigt wirken. «Niemand ahnt die Gefahr», stellt Seraina fest. «Als wäre es ein ganz normaler Samstag.» – Margarethe stutzt: «Fällt euch auf, es sind wirklich fast alle Männer weg.» – «Ja, die liegen schliesslich alle im Dornröschenschlaf in Glanzenberg», seufzt Seraina. «Darum sollen jetzt ja die Frauen die Karre aus dem Dreck ziehen, wie immer!» – «Ja, wie damals, als die geharnischten Frauen die Stadt verteidigten, aber das war, glaube ich, nicht 1267», sinniert Margarethe. «Es muss früher oder später gewesen sein; ich bringe es nicht in einen Zusammenhang mit Glanzenberg und Regensberg.» – «Hm, war da nicht was mit einer Schlacht, die viele Menschenleben gekostet hat?», rätselt Rudy. «Ich erinnere mich an irgendsowas, aber frag mich nicht, wann das war.» – «Mach nicht so ein Gesicht, da krieg ich ja richtig Angst!», wendet er sich an Seraina, die ihre Stirn in Falten legt. «Nein, ich denke nach. Möglich, dass das mit den Harnischfrauen später war. So etwa zur Gründungszeit der Eidgenossenschaft?» – «Also um 1291? Oder später? Aber egal, dann nehmen wir das eben vorweg.», bemerkt Rudy cool. «Mäggy hat ja auch schon an der Zeit gedreht und die Vergangenheit verändert, oder? Dann sollen die Frauen eben schon im Jahr 1267 die Rüstungen ihrer Männer anziehen! Sie können es ja später wiederholen!» Margarethe nickt. «Ja, aber wie bringen wir sie dazu? Die glauben uns doch kein Wort! Sollen wir die Nonnen einweihen?» – «Gute Idee! Die Frauen sind eh schlauer; die Herren Zürcher sind sowieso etwas beriffsstutzig, wie wir ja bereits erfahren haben!»

Die drei Freunde eilen zurück zum Münsterhof, zur Fraumünsterkirche. Margarethe keucht, weil das Schwert ziemlich schwer ist. Zudem muss sie aufpassen, sich nicht damit zu verletzen.

Die Teenager poltern so lange an die Tür, bis die Pförtnerin etwas unwirsch das Guckfenster aufreisst und die drei mit finsterer Miene mustert: «Wer begehret Einlass? Ist dies ein Lausbubenstreich?» – «Nein, Entschuldigung, wir haben eine wichtige Botschaft für die Äbtissin», erklärt Margarethe atemlos. Die Nonne schickt ihr einen misstrauischen Blick. «Unsere Priorin geruht zu weilen in Gebet und Meditation und darf nicht gestört werden.» – «Wer könnte uns helfen? Wir müssen warnen vor einem Angriff der Feinde auf die Stadt Zürich! Es eilt sehr!», drängt Seraina. Auf diese Worte hin reisst die Pförtnerin die Augen weit auf und klagt: «Wehe, wehe, das Unheil droht, das uns unsere Schwester Mechthild vorausgesagt. Gott behüte ihre Seele!» Die Jugendlichen horchen auf: «Was hat sie denn gesagt?», möchte Rudy wissen, und die Nonne spricht unbeirrt weiter. «Sie sprach, die Feinde Zürichs rotteten sich zusammen und würden die Sinne verwirren der Herren von Zürich, welche in einen todesähnlichen Schlaf sinken. Dann seufzte unsere Schwester Mechthild selig und verschied. Der Herrgott habe sie selig!» Auf diese Worte hin bekreuzigt sich die Klosterfrau mit traurigem Gesichtsausdruck.

Die drei Teenager beraten sich. «Was nun?», fragt Rudy. «Schöner Schlamassel, dass die Visionärin gestorben ist!» – «Immerhin hatte sie eine Vision, die unsere Botschaft untermauert», gibt Margarethe zu bedenken. – «Ich habe eine Idee», spricht Seraina, und Rudy starrt sie neugierig an: «Was hast du vor, Raina?» – «Lass mich nur machen», erwidert diese selbstbewusst und wendet sich an die Nonne: «Das ist wahr, was Eure Schwester Mechthild erfahren hat. Wir kommen, um Euch zu warnen. Wie können wir erreichen, dass wir angehört werden von den Stadtbewohnern?» Die Pförtnerin überlegt: «Unsere Aufgabe ist es, zu beten für das Heil der Bürger der Stadt. Die Aufgabe der Räte ist es, ein Heer aufzubieten.» – «Aber das geht ja eben nicht, weil die Männer weg sind!», gibt Rudy zu bedenken. Die Nonne zwinkert ihm zu: «Die Aufgabe der Frauen ist es, für Ordnung zu sorgen.» Margarethe und Seraina strahlen. «Aber wie fangen wir es an?», möchte Erstere wissen. – «Wendet Euch an die Schwester der seligen Mechthild, welche in der Welt geblieben», spricht die Nonne. «Friedegund ab Burghalden findet Ihr auf dem Gemüsemarkt. Sie bietet Kräuter und Spezereien an.»

Etwas ratlos eilen die drei Jugendlichen wieder zur Gemüsebrücke und wissen nicht, bei welchem Marktstand sie mit Fragen anfangen sollen, weil sie keine Zeit verlieren und sich auch nicht lächerlich machen wollen. «Ich getrau mich nicht, einfach fragen zu gehen», druckst Margarethe herum und umklammert ängstlich den Schwertgriff. «Die glotzen uns sowieso schon an, weil wir für sie ungewohnte Kleider tragen und ein Schwert mitführen.» – «Und was Spezifereien sind, wüsste ich gerne», brummt Rudy, «Wenn ich nur meinen treuen Begleiter fragen könnte!» Missmutig blickt ihn Seraina an: «Ich dachte, wir seien deine treuen Begleiter!» – «Wenn schon, Begleiterinnen!», fügt Margarethe hinzu. Rudy schickt seinen Freundinnen überraschte Blicke: «Ja, natürlich seid ihr meine treuen Begleiterinnen, was denkt ihr denn! Fühlt ihr euch etwa herausgefordert von meinem Ding?» Seraina prustet los, dann wird sie wieder ernsthaft: «Dort drüben ist ein Mädchen in unsrem Alter, fragen wir doch sie!» Gesagt, getan. Die junge Frau trägt eine Haube über ihren rotblonden

Locken und ein langes Kleid mit einer Schürze darüber. Sie wacht über eine Auslage von Tiegeln und Töpfen aus Ton nebst Bündeln von Kräutern und kleinen Stoffbeuteln, die geheimnisvoll duftende Substanzen enthalten.

Ein fröhliches «Grüezi!» der Krämerin fliegt den drei Freunden entgegen. «Brauchen die Herrschaften heilende Kräuter gegen Halszwicken und Nasenjucken?» – «Ja, gerne, warum nicht?», reagiert Rudy verwirrt, kratzt sich verlegen an der Nase und errötet. Seraina räuspert sich ungehalten, und Margarethe fragt schnell: «Entschuldigung, wir suchen Friedegund ab Burghalden. Kennt Ihr sie?» Die junge Frau bricht in ein erfrischendes Lachen aus: «Ihr sucht meine Mutter? Was ihrzt ihr mich? Wir sind doch gleichen Alters! Ich bin die Hedwig, könnt mich auch Hedy nennen!» Ungewohnt eifrig prescht Rudy vor: «Ich bin Rudy, das sind Mäggy und Raina!» Hedwig lacht: «Seltsame Namen tragt ihr!» – «Na ja, eigentlich heissen wir Rudolf, Margarethe und Seraina», korrigiert Letztgenannte. – «Ach so! Dann ist alles klar. Von welcherorten kommet ihr mit eurer seltsamen Kleidung und einem Schwert wie es nur Grafen besitzen?» – «Ähm, tja, wir sind aus Zürich, aber zwischenzeitlich weit gereist», erklärt Rudy ausweichend. – «Aber wir haben eine Meldung von grosser Dringlichkeit!», unterbricht Seraina. «Die Stadt wird in Bälde angegriffen von den Glanzenbergern!» Hedwig stutzt und wird ernst: «Veralbert ihr mich jetzt? Das ist nicht fein!» – «Nein, wir meinen es ernst!», verteidigt sich Rudy. «Wir mussten fliehen, denn die Zürcher Männer wurden betäubt und gefangengenommen!» Das junge Mädchen erblasst sichtbar. «Wie furchtbar! Auch mein Vater und einer meiner Brüder sind ausgezogen, dem Zweikampf beizuwohnen. Was für ein Unglück!» Sie bricht in Tränen aus. Sofort scharen sich die in der Nähe versammelten Frauen und Kinder um die aufgelöste junge Händlerin.

# 13
# Die List der Zürcherinnen

Margarethe drängt sich näher zu Hedwig: «Wir haben eine Idee! Hört uns zu!» Hedwig leiht ihr ein Ohr, aber Rudy drängt sich dazwischen und schildert die Geschichte von den geharnischten Frauen, während Seraina indigniert danebensteht und zischt: «Wichtigtuer!»

Unterdessen ist eine Frau von etwa dreissig Jahren herbeigeeilt und nimmt die weinende Hedwig in die Arme: «Meine Tochter, was klagest du?» Hedwig und die Teenager aus dem 21. Jahrhundert erzählen, was sich zugetragen hat. Die Frau, die sich als Friedegund vorgestellt hat, überlegt einen Augenblick, dann spricht sie langsam: «Die Vision, die meine Schwester hatte, die im Fraumünsterstift lebte, Gnade ihrer Seele, bestätigt Eure Erzählung. Krieg steht vor unseren Toren, und wir müssen ihn abwenden.» An die Frauen gewandt, die sich neugierig um ihren Marktstand drängen, fährt sie fort: «Wir Frauwen müssen das Schwert ergreifen, um unsere Stadt zu retten!» Nun fangen alle Umstehenden gleichzeitig an zu sprechen, und die Botschaft verbreitet sich in Windeseile über den ganzen Markt. «Gehet, holet Rüstungen und alle Waffen, deren ihr habhaft werden könnt!», ruft Friedegund laut. Schreie und Gemurmel folgen auf ihren Aufruf. Friedegund erhebt ihre Stimme: «Wir treffen uns wieder auf diesem Platz. Bringt alles mit, was ihr an Kampfesmitteln finden könnt.» Eine füllige Frau mit Haube tuschelt mit ihrer Nachbarin und schreit plötzlich: «Ach, ich habe nichts anzuziehen!» Ihre Bekannte erwidert: «Und Rüstungen machen sicher dick, das sieht nicht gut aus!» Rudy verdreht die Augen: «Weiber!» Und weicht sogleich einen Schritt zurück, damit ihn Serainas Faust nicht erreichen kann. Die drei Freunde haben ihre neue gleichaltrige Bekanntschaft in der Menschenmenge aus den Augen verloren, bewegen sich durch das Marktgetümmel und stellen fest, dass innert kürzester Zeit alle Anwesenden informiert sind. Wie auf ein geheimes Zeichen brechen die Verkäuferinnen und Verkäufer ihre Stände ab, räumen alles zusammen, und bald ist der Marktplatz wie leergefegt.

Jetzt, wo alle weg sind, getraut sich auch Plonk wieder zu seiner Adoptivmutter. Margarethe lächelt ihrem Raben zu, der neben ihr auf einem Mäuerchen hockt.

«Wo ist wohl Hedwig?», wundert sich Rudy. «Sie könnte uns sicher weiterhelfen.» – «Sie hat etwas gemurmelt von Freundinnen aufzusuchen, welche helfen sollten», weiss Seraina. «Sie kommt sicher hierher zurück.» – «Müssten wir uns wohl auch Rüstungen suchen?», überlegt Margarethe. – «Ja, wir machen immer alles mit, und nachdem ich schon ein Hirschgeweih getragen habe, schreckt es mich nicht, ein Schwert zu schwingen», erwidert Rudy. Seraina prustet los: «Von wegen Geweih, das war ja winzig!» Der provozierte Rudy packt sie bei den Oberarmen. «Na warte! Dir geb ich winzig.» Margarethe bemerkt: «Also, Chronn hatte ja den grösseren», worauf Seraina kichert und sich aus Rudys Griff befreit: «Ja, dieser prachtvolle Stier war wirklich beeindruckend!» – «Und in dich verliebt!», grinst Margarethe. – «Was, so ein Quatsch, Mäggy!» – «Doch, erinnerst du dich nicht, wie er dich angebaggert hat, Raina?», fängt nun auch Rudy an, in seinen Erinnerungen zu kramen. «Als wir im Wald unterwegs waren und von den Wölfen angegriffen wurden. Dann gingst du doch Hilfe holen und brachtest die drei stattlichen Hirsche mit.» – «Während Plonk seinerseits Verstärkung holte», fügt Margarethe hinzu. «Und Chronn fand uns beide sehr hübsch, weisst du nicht mehr, Raina?» – «Drum musste ich euch ja als Bodyguard beistehen!», verteidigt Rudy seine Ehre, worauf ihm Seraina einen dankbaren Blick schickt: «Stimmt, Brüderchen, du bist unser grosser Beschützer! Was würden wir nur ohne dich tun!» Gebauchpinselt lächelt Rudy: «Ohne mich würdet ihr immer noch in einem andern Jahrhundert feststecken in der verflixten Burg und vergammelte Schmetterlinge anglotzen!» – «Dafür stecken wir jetzt in einem nochmals früheren Jahrhundert fest und sollten uns dringend mal in Rüstungen stecken, bevor es brenzlig wird!», spricht Margarethe ein Machtwort, und die drei besinnen sich und schlagen erneut den kurzen Weg zum Kloster ein, in der Hoffnung, dort Hilfe zu finden. Vor lauter Stress haben sie Plonk aus den Augen verloren, doch der Rabe folgt den Freunden stets wie ein Schatten.

Die Pförtnerin gibt ihnen bedauernd zu verstehen, dass die Klosterfrauen weder über Rüstungen noch Waffen verfügen: «Unsere Waffe ist das Kreuz, der Rosenkranz und die Bibel, und unser Kleid ist das Habit, und all dies beschützt uns vor dem Teufel.» Allerdings weiss die Nonne, dass die Zürcher ein beträchtliches Waffenarsenal im Rathaus gelagert haben. Rudys Blick hellt sich auf: «Nicht im Zeughauskeller, der in unserer Zeit ein Restaurant ist? Der ist ja gleich um die Ecke!» Er eilt voraus, bevor ihn die Mädchen stoppen können. «Halt, Rudy, du hast da etwas falsch verstanden!», ruft ihm Seraina nach und eilt mit Margarethe hinterher. An der erwarteten Stelle nahe bei der Stadtmauer steht kein Zeughaus. «Mist, das Zeughaus gab's offenbar noch nicht. Ist das jetzt der Hartmannsturm oder der Augustinerturm?», rätselt Rudy. – «Egal, du wandelndes Lexikon, wir müssen uns jetzt beeilen und irgendwie zu Waffen kommen», weist ihn Seraina zurecht und deutet auf eine Gruppe waffenbewehrter Frauen, die in Richtung Münsterplatz eilen. – «Dort, wo die herkommen, muss es wohl Waffen geben, vermutlich im Rathaus, wie die Nonne gesagt hat», vermutet Margarethe, und tatsächlich sind viele Leute vor dem Rathaus versammelt, vorwiegend Frauen und ein paar ältere Männer und junge Burschen, die offensichtlich nicht mitgekommen sind nach Glanzenberg ans Duell. «Keine Waffen mehr!», winkt ein Mann, offenbar der Aufseher, ab, und die Leute zerstreuen sich murrend. Jemand ruft: «Im Augustinerturm ist das grosse Waffenlager, kommt!» Die drei Freunde folgen dem Ruf, überqueren erneut die Limmat, eilen wieder über den Münsterhof und kommen nach einer gefühlten Ewigkeit keuchend beim Augustinerturm an. «Vom Zeughaus aus wäre es näher gewesen!», mault Rudy. «Was mussten wir auch erst ans andere Limmatufer rennen!» Sie folgen den anderen Leuten die Treppen hoch zu einem grossen Raum. Die Verwalter des Waffenarsenals sind bereits informiert von den Plänen der Frauen. «Suchet euch die passende Rüstung, nehmet Waffen», spricht ein breitschultriger Mann mit dickem Bauch, der offensichtlich ein lahmes Bein hat. Und zu Margarethe gewandt meint er: «Wie ich sehe habt Ihr schon ein gutes Schwert, edle Dirn.» Das Gesicht verziehend wegen der Anrede geht sie an ihm vorbei und folgt ihren Freunden in die Waffenkammer.

«Wie zieht man so ein Ding an?» Ratlos mustert Margarethe die Rüstungsbestandteile, die in der Waffenkammer lagern, säuberlich aufgereiht und aufgehängt. «Sieht aus wie in einem Modegeschäft der schrägen Sorte», bemerkt Seraina mit schiefem Grinsen. «Irgendwie pervers.» – «Es soll Leute geben, die auf so was stehen», gibt Rudy zu bedenken. «A propos stehen: Im Londoner Tower hat es sogar eine Rüstung, die für gewisse Körperteile besonders viel Platz zum Stehen bietet.» – «Ich weiss, welche du meinst, das war irgend so ein Henry mit Grössenwahn!», prustet Seraina. «Hat ihn offenbar erregt, wenn er kämpfen durfte!» Die beiden glucksen vor Lachen, sodass der Hüter der Waffenkammer ihnen einen tadelnden Blick zuwirft. Margarethe zischt: «Hört auf mit den Zweideutigkeiten. Das ist peinlich; was denkt denn der Mann!» – «Der ist doch aus einer andern Zeit, der begreift das gar nicht», kichert Seraina, und Margarethe versucht abzulenken: «Und ich dachte, im Tower seien die Kronjuwelen.» Aber der Versuch schlägt fehl, denn Rudy grölt seinerseits los: «Ja, das schon, aber auch die Rüstung zum Schutz der Familienjuwelen gewisser Ritter!» Kopfschüttelnd verzieht sich Margarethe in den hintersten Winkel des Waffenarsenals, während ihre

Freunde sich fast auf dem Boden kugeln vor Lachen. Sie mag es auch mit fünfzehn Jahren nicht besonders, wenn anzügliche Sprüche geklopft werden – auch wenn es ihr, wie sie zugeben muss, gelegentlich selber passiert, was sie dann überrascht und amüsiert. Seraina hingegen ist immer für freche Wortwechsel zu haben. Diesbezüglich unterscheiden sich die Freundinnen, aber in anderen Belangen sind sich die beiden Mädchen recht ähnlich. Rudy ist das, was man im Volksmund als „Heimlifeiss“ bezeichnet: Er wirkt so brav und gewissenhaft und „nerd“-mässig, kann aber ganz schön aufdrehen, wenn ihn ein Thema begeistert, und sein Humor ist sehr vielseitig ausgerichtet: von schwarz über zweideutig bis schlicht und einfach albern. Und die drei haben in der Vergangenheit schon mehrere Situationen erlebt, in denen ihnen der Humor sehr geholfen hat, weil sie sonst verzweifelt wären. Nicht zuletzt im Burgverlies.

Während Margarethe versucht, einen gepanzerten Arm anzulegen, hat sich Seraina in einen Brustpanzer gezwängt. «Au, das ist unbequem!», beschwert sie sich. – «Stimmt die Körbchengrösse etwa nicht?», erkundigt sich Rudy belustigt, der seinerseits ein Kettenhemd anzieht. – «Von wegen Körbchengrösse, das ist doch eine Männerrüstung!», mault Seraina. «Sitzt hinten und vorne nicht.» – «Dann dreh sie doch um!» – «Quatschkopf! Du siehst dafür aus wie der Hobitt Wilbo mit dem Mithril-Kettenhemd!» Rudy sieht an sich herab und fährt über das Geflecht aus eisernen Ringen. «Finde eigentlich, das steht mir noch gut, oder etwa nicht?» – «Wenn man auf so was steht…» – «Was steht jetzt schon wieder?», ruft Margarethe, die mit dem Arm kämpft. Die beiden andern werfen ihr belustigte Blicke zu. «Hey, Mäggy, seit wann bist du zweideutig?», neckt sie Rudy. «Und wieso trägst du einen Beinpanzer am Arm?» Erneutes Gelächter, und auch Margarethe muss mitlachen. «Hilf mir doch, statt Sprüche zu klopfen! Ich glaube, so eine Rüstung kann kein Schwein allein anziehen.» – «Darum sind wir ja auch ein Team», bemerkt Seraina, und fügt sogleich hinzu: «Zwei quatschen immer blöd, während einer versucht, die Situation unter Kontrolle zu halten.» – «Welcher meistens ich bin», ergänzt Rudy selbstgefällig. – «Von wegen! Du bist der Ober-Sprücheklopfer!» Margarethe seufzt: «Hilft mir jetzt mal einer mit dem Arm, ich meine, mit dem Bein, oder was auch immer das ist?» Seraina lacht: «Du siehst aus, als hättest du eine Beinprothese an der Schulter montiert. Irgendwie verkehrt!»

«Ich habe mal gehört, Ritter seien früher in ihrer Rüstung verrostet und konnten sie dann nicht mehr ausziehen», bemerkt Rudy. – «Nicht sehr ermutigend», findet Seraina und betrachtet zweifelnd ihren Harnisch. «Wenn ich da mein Leben lang drin stecken muss?» – Margarethe lacht: «Dann brauchst du lediglich einen Büchsenöffner, und alles wird gut!» – «Gab es im 13. Jahrhundert schon Dosenöffner?», fragt Seraina zweifelnd, und Rudy grinst: «Ach, wir lassen einfach Mäggy mit dem Schwert auf dich los, dann schälen wir dich schon aus der Rüstung!»

Nach einiger Zeit tritt der Waffenverwalter erneut zu den drei Teenagern: «Mich deucht, ihr bedürfet der Hilfe.» – «Ja, das stimmt, wir haben das noch nicht so ganz im Griff; wir sind es nicht gewohnt, zu kämpfen», bemerkt Rudy kleinlaut. – «He, das stimmt nicht», widerspricht Margarethe. – «Okeeey, du hast schon einige Male das Schwert geschwungen, stimmt», erwidert Seraina. «Und wir drei haben uns immerhin nicht schlecht geschlagen, als wir Tiere waren.» – «Stimmt, wir drei waren schon damals ein gutes Team», erinnert sich Margarethe an ihre Odyssee zu dritt vor zwei Jahren, als sie in Gestalt von Raben, Lachsen und Hirschen unterwegs waren in keltischer Mission. Das war nicht immer einfach und auch recht gefährlich. «Wir müssen mal vorwärts machen!», drängt Seraina. «Bevor alle Glanzenberger vor den Stadttoren versammelt sind!» Vor lauter Reminiszenzen und Rüstungsanprobe haben die drei den Ernst der Lage und die Zeit aus den Augen verloren.

Jetzt noch Helme anziehen und fertig! «Urgs, ich kriege Platzangst da drin», keucht Seraina, ist aber doch froh, dass sie fertig gepanzert ist. Mit Blick auf Rudy erkennt sie durch's Visier, dass auch er soweit ist und ein sehr langes Schwert ergreift. Seraina schnappt sich eine Hellebarde.

Endlich sind alle drei gerüstet. Sie wirken martialisch, mit Brustpanzer, Arm- und Beinpanzer, welche die Bewegung der Glieder erschweren, Helm und einer Art Panzerschuhe. «Ich komm mir vor wie ein Android», bemerkt Rudy. – «Du siehst wirklich aus wie der goldene Roboter aus Star-Fight, der gibt auch überall seinen Senf dazu», lacht Seraina. – «Und du siehst aus wie eine geharnischte Amazone», kontert er. «Damit kann ich leben», erwidert sie selbstgefällig. «Amazonen sind schön und stark!» Als Margarethe sich umdreht, verstummen beide. Sie trägt eine Rüstung, die sie viel älter erscheinen lässt, und das Auffälligste daran: einen Harnisch mit einem Rabenemblem. Dazu hat sie einen blankpolierten Helm auf, der sehr neu wirkt. Und sie hält natürlich das Schwert von Glanzenberg in der rechten Hand. «Wow, Mäggy, du siehst aus, als kämst du aus der Zukunft!», entfährt es Seraina. – «Na ja, es ist schwierig, sich genau der Zeit anzupassen, die ja nicht unsere ist», entgegnet Margarethe entschuldigend. – «Nein, ich meine, du wirkst älter. Ehrfurchtgebietend.» – «Du verulkst mich, Raina!» – «Nein», findet auch Rudy. «Du strahlst so etwas aus … eine Kraft!» Margarethe errötet. «Ihr macht mich ganz verlegen. Ich bin doch einfach Mäggy, wie immer.» – «Aber die Rüstung passt dir wie angegossen, und da ist sogar ein Rabe drauf», bemerkt Seraina. – «Ja, darum habe ich auch diesen Brustpanzer gewählt.» – «Genau richtig für Rabenherz!», findet Rudy. «Du siehst toll aus!» Margarethe, die sich Komplimente nicht gewohnt ist, weiss nicht, wie sie darauf reagieren soll. «Danke, aber ihr auch! Kommt, wir machen uns auf den Weg, sonst sind wir die Letzten.»

Auf dem Münsterhof ist eine grosse Menge Bewaffneter versammelt, als würde sich ein ganzes Heer bereitmachen für einen Kriegszug. Jetzt sehen sie auch Hedwig ab Burghalden mit ihrer Mutter, die umgeben sind von einer Schar junger Frauen und ziemlich junger Burschen. «Kommt mit!», ruft Hedwigs Mutter ihnen zu. «Ihr seid wohlbewehrt!»

«Wir sollten uns nicht hier versammeln, sondern auf dem Lindenhof», ruft Rudy. Die Zürcher Frauen schicken ihm fragende Blicke. Margarethe erklärt: «Der Platz, wo die Burg stand, ist besser, da wir von dort einen Überblick haben!» – «Wahr gesprochen, lasst uns dort hingehen und tüchtig Lärm machen!», jubelt Hedwigs Mutter, und grosses Gebrüll antwortet ihr. «Dass Frauen so viel Lärm machen können!», bemerkt Rudy kopfschüttelnd. Jemand bläst in ein Horn, das Signal zum Aufbruch. «Hinauf, hinauf!»

Nach und nach sind alle wehrhaften Frauen, Mädchen, Jungs und Kinder sowie alten Männer auf dem heutigen Lindenhof angelangt, stampfen mit den Füssen und klopfen mit ihren Speeren und Schilden auf den Boden. Trotz Tumult kann es Margarethe nicht lassen, erneut den Anblick der imposanten Stadtmauer von Zürich zu bestaunen. «Schaut mal, die Abstände der Türme sind ganz unterschiedlich, wenn man die Mauer dies- und jenseits der Limmat vergleicht.» – «Stimmt, das ist auffällig», stimmt ihr Seraina zu. Ein kleiner Junge von vielleicht neun Jahren hat das Gespräch mitbekommen und mischt sich eifrig ein: «Das hat mit der Bogenschussdistanz zu tun! Wisset, dass zwischen den Türmen der Stadtmauer zu den Zeiten meines Grossvaters die Distanz massgeblich war, wie weit ein Bogen schiessen konnte.» – «Ach so ist das?», reagiert Rudy staunend, und der Knirps fährt fort mit altkluger Betonung: «Das ist doch offensichtlich. Erst seit mein grosser Bruder auf der Welt ist, seit fünfzehen Jahr, wird die Schussweite der Armbrust als Massstab angesetzt. Mit der Armbrust kann man nämlich viel weiter schiessen!» –

«Stimmt, jetzt, wo du es sagst!», pflichtet ihm Rudy bei, und der Junge strahlt voller Stolz. Vom Lindenhof aus erkennen sie besonders gut, dass die östliche Mauer viel grössere Abstände zwischen den Türmen hat als die westliche. Aber viel beeindruckender ist, dass sich jenseits der rechtsufrigen Mauer das Heer von Glanzenberg versammelt hat – ein erschreckend grosses Heer, sicher ein paar hundert Mann. Margarethe muss leer schlucken. Die drei Teenager schicken einander besorgte Blicke. «Wenn das nur mal gut geht!», seufzt Seraina.

Ins Glanzenberger Heer vor Zürich scheint plötzlich viel Bewegung gekommen zu sein – da eilen Leute hin und her im Heer. Der Schreck beim Anblick der schwer bewaffneten Armee auf dem Lindenhof muss den Glanzenbergern wohl massiv in die Knochen gefahren sein. Die drei Freunde wünschten sich jetzt Ferngläser, denn die Hektik vor den Toren von Zürich nimmt von Minute zu Minute zu. Man sieht sogar schon Gruppen von Soldaten, die desertieren, andere beraten die Lage mit deutlichen Gesten ihrer Arme.

«Die machen sich in die Hose!», frohlockt Rudy, und Seraina fügt hinzu: «Aber sowas von!» Margarethe steht neben der Anführerin der Zürcher Frauenarmee, Hedwigs Mutter. Diese blickt zu Margarethe und grinst. Im nächsten Moment zieht sie ihr Schwert blank und reckt es in die Höhe: «Lasset uns die Männer zurückholen. Lasset Glanzenberg brennen! Auf nach Glanzenberg!» Und sie stapft mit scheppernder Rüstung an Margarethe vorbei, gefolgt von ihrer Tochter und vielen kampfeslustigen Frauen in bunt gemischten Rüstungen. Sie tragen ein Arsenal an Waffen, das nicht nur aus der Waffenkammer stammt. Da sind landwirtschaftliche Geräte wie Sensen und Dreschschlegel dabei, aber auch Hausrat wie Brotschieber, Schaufeln und Besen.

«Die Besen wären toll, wenn man damit fliegen könnte, dann müssten wir nicht den beschwerlichen Weg nach Glanzenberg erneut unter die Hufe nehmen. Mir tut immer noch der Po weh vom Sattel», beschwert sich Seraina, doch Rudy freut sich schon sichtlich auf sein Pferd. Vom Lindenhof ist es ein Katzensprung zum Rennwegtor, wo die drei Freunde ihre Pferde holen, die sie in der Obhut von Jerobold gelassen haben. Dann folgen sie dem Heer zum Niederdorftor. Sie traben los, um den Anschluss an die geharnischten Frauen nicht zu verlieren.

Als sich das Heer aus den Toren von Zürich ergiesst, stieben die übriggebliebenen Glanzenberger von Panik erfasst in alle Himmelsrichtungen davon. Die drei Freunde schauen sich augenzwinkernd an. Das ist genau nach Margarethes Geschmack: Ein Sieg ohne Blutvergiessen.

Nun marschiert das Zürcher Frauenheer schnurstracks in Zweierkolonne gen Glanzenberg, die Reiter aus der Zukunft als Schlusslichter. Den dreien kommt es wie eine Ewigkeit vor, doch auch diese Strapaze hat einmal ein Ende. Glanzenberg rückt in Sichtweite. «Ob die Männer noch leben?», fragt sich Margarethe besorgt und sucht in der Luft und in den Baumkronen nach Plonk. Doch der Rabe ist nirgends, und das beunruhigt sie sehr. Denn bis vor kurzem konnte sie ihn immer irgendwo sehen oder hören. Selbst als sie in Vollmontur auf dem Lindenhof stand, konnte sie einmal kurz ihren Raben durch's Visier erkennen.

Nun steht das Heer vor den Toren der Stadt Glanzenberg. Die Anführerin, Hedwigs Mutter, brüllt mit tiefergelegter Stimme: «Macht auf im Namen der Äbtissin und Stadtherrin von Zürich!» Margarethe blickt besorgt hinauf zur Burg, denn von dort erwartet sie mehr Gegenwehr. Doch alles scheint still zu sein. «Wir geben Euch Zeit bis diese Sanduhr abgelaufen ist!», brüllt die Anführerin weiter und reckt ein Glas in die Höhe, das in der Mitte eine Einschnürung aufweist. Der obere Teil ist mit Sand gefüllt, der langsam in den unteren Teil rieselt.

Margarethe kommt es vor, als würde es eine Stunde dauern, bis der Sand endlich unten ist. Plötzlich hört sie ein <Kra, kra!>, fühlt einen Lufthauch und dreht sich nach Plonk um, der hinter ihr auf dem Pferdehintern gelandet ist. Das Pferd zuckt etwas zusammen, bleibt aber an Ort. Margarethe ist erleichtert, hat sie doch schon befürchtet, vor lauter Kriegstreiberei ihren Plonk aus den Augen verloren zu haben. Zudem ist sie ja noch im Besitz des Schwerts – also Rabe und Schwert sind vereint. Margarethe zieht ihr Schwert aus einer Tasche seitlich am Pferd und streckt es Plonk entgegen: «Zaubere, Plonk! Zaubere!» Plonk krallt sich das Schwert und fliegt hoch.

Genau als das letzte Korn in der Sanduhr fällt, erscheint Plonk über dem Haupttor von Glanzenberg, das Schwert in den Fängen. Wie von Geisterhand öffnet sich das Tor. Margarethes Herz schlägt höher, und auch Rudy und Seraina atmen erleichtert auf. Die Frauen strömen in die Stadt hinein. Dort liegen ihre Männer, allesamt noch verzaubert und schlafend. Die Glanzenberger müssen sie wohl mühsam hineingeschleppt haben. Wozu, kann sich Margarethe nicht erklären. Um sie in Ruhe vor ungebetenen Zeugen hinzurichten, um sie in Tiere zu verwandeln? Wo ist Helleborus, wo Lütold von Regensberg? Margarethe wird es wieder mehr und mehr eng ums Herz, denn solange diese Fragen nicht geklärt sind, ist die Sache nicht durchgestanden.

Derweil fliegt Plonk von Mann zu Mann und berührt jeden Schlafenden mit der Schwertspitze. Die so Erweckten schlagen die Augen auf, räkeln sich und gähnen, als würden sie Sonntag-Morgen nach erholsamem Schlaf aufwachen. Sie staunen aber nicht schlecht, als sie ihre Frauen in Vollmontur vor sich stehen sehen. Einige von ihnen stürzen sich überglücklich zu ihren Ehemännern und Söhnen hin, andere jauchzen einfach vor Glück, dass alle noch leben.

Die drei Freunde steigen vom Pferd – nicht ganz einfach in voller Rüstung. Plonk bringt Margarethe nach getaner Arbeit das Schwert zurück und fühlt sich ohne diese Last merklich besser, denn er kann wieder frei fliegen, was er auch gleich in die Tat umsetzt und sich in luftige Höhen schwingt, um das Geschehen zu überblicken.

Als die Wiedersehensfreude abgeebt ist, schwingt sich Graf Rudolf von Habsburg noch leicht benommen von der Betäubung auf sein edles Pferd und spricht für heutige Ohren wohl nicht ganz genderkonform zum kunterbunten, gemischtgeschlechtlichen Heer: «Männer, und… ich meine damit auch, … Weiber, edle und stolze Weibsbilder von Zürich, die ihr uns gerettet habet! Ich bin der Meinung, Glanzenberg müsse zerstört werden!» Auf diesen Satz hin ertönt ein schauerliches Kriegsgeheul und alle greifen zu den Waffen. «Neiiiiin!», schreien die drei Freunde wie aus einem Mund, doch zu spät. Und zu allem Übel ergiesst sich von der Burg Glanzenberg her eine Armee zur Stadt hin. – «Das gibt ein Gemetzel!», stellt Rudy treffsicher fest und rennt unbeholfen zum Grafen, um ihn darauf aufmerksam zu machen. Dieser grinst nur und weist die Ratsherren von Zürich auf die heranrückenden Feinde hin. Letztere befehligen der Eliteeinheit der Truppe, den Glanzenberger Soldaten die Rüstung noch ein bisschen mehr zu polieren.

Als die Zürcher Eliteeinheit und die Glanzenberger Armee – zumindest das, was von ihr noch da und nicht vor den Toren Zürichs desertiert ist – vor Glanzenbergs Stadttoren mit voller Wucht aufeinandertreffen, scheppert es gewaltig. Das Klirren von Waffen, das Schreien von schwer Getroffenen und das Stöhnen der Kämpfer, die trotz der schweren Rüstungen alles geben, liegen wie Blei in der Luft.

Die drei Teenager versuchen, zusammen zu bleiben und sich aus der Barbarei herauszuhalten. Sie verkrümeln sich etwas abseits des Geschehens an einer Hausfassade. Als sie sehen, dass eine Mutter mit ihren zwei Kindern an einem der Fenster klebt, die Augen vor Schreck weit geöffnet, stösst Seraina rasch die Tür auf und ruft: «Schnell, aus dem andern Tor raus, flieht!» Alle drei trauen der Situation nicht, doch schliesslich gehorchen sie und stolpern Richtung Limmat-Torturm.

«Sie haben es geschafft, uff», ist Seraina erleichtert, da meint Margarethe: «Wir sollten ihnen folgen. Lasst uns abhauen, wir können hier nichts mehr tun, nur warten, bis es vorbei ist, und das möchte ich lieber etwas weiter weg tun, wo man die Schreie nicht mehr so stark hört.» Rudy und Seraina nicken, beide sind ebenfalls totenbleich.

# 14
# *In Ketten*

Die Zerstörungswut der Zürcher ist entsetzlich. Die drei Teenager sehen entgeistert zu, während sie Schutz an der Mauer des Limmat-Torturmes suchen, um in einem günstigen Moment die Stadt zu verlassen. «Jetzt weiss ich wieder, warum ich den Geschichtsunterricht meistens gehasst habe», keucht Margarethe. «Wegen der Gemetzel!» – «Ja, und weil so vieles zerstört wurde! Es ist so schade!», empört sich Seraina. «So unnötig! Barbarisch!» Rudy pflichtet ihr bei: «Ja, dieses Glanzenberg war doch gar nicht schlecht…» Die beiden Mädchen blicken ihn erstaunt an, was ihn verunsichert. «Na ja, ich meine, als es dann eine moderne Stadt war, Hauptstadt von Europa und so…»

Gerade als sich die drei aus dem Staub machen wollen, sehen sie sich plötzlich umzingelt von unheimlich aussehenden, bewaffneten Männern. «Ergreift diese Feinde!», befiehlt einer, der eine dunkle Maske trägt und mit röchelnder Stimme spricht. Rudy muss ein Prusten unterdrücken und zischt: «Darth Vader hat uns gerade noch gefehlt!» Tatsächlich ist der Unheimliche in seiner dunklen Rüstung kein angenehmer Zeitgenosse, und sein langes Schwert erinnert an ein Lichtschwert. Verängstigt drängen sich die drei Jugendlichen in einer Ecke zusammen. Sie werden unsanft entwaffnet, gepackt und auf die Knie geworfen, knien nun vor dem finsteren Anführer, und ihre Hände werden ihnen mit klobigen Handschellen auf den Rücken gefesselt. «Neiiiin!!!», schreien Margarethe und Seraina im Duett, und Rudys schreckgeweitete Augen zeugen von seinem stummen Schrei. Einer der Schergen des dunklen Kämpfers reisst an einer Kette und zwingt die drei damit zum Aufstehen, da sie daran aufgereiht sind wie auf einer Perlenschnur. Rudy stöhnt, Seraina kreischt indigniert auf, Margarethe ächzt vor Schmerz, weil ihr die Ketten die Handgelenke zusammendrücken. Darthy mit der dunklen Rüstung übersieht Margarethes Schwert, das am Boden liegt. Vermutlich hat er keine Ahnung, dass es DAS Schwert ist. – Was ist das für ein Albtraum? Was werden diese Krieger mit ihnen anstellen?

Sie wissen nicht, in wessen Hand sie gelandet sind. «Sind das Zürcher oder Glanzenberger?», flüstert Margarethe, und Seraina antwortet stöhnend: «Mir egal, ich hab die Nase voll von der Kriegerei!» Rudy jammert: «Ich bin doch nur ein Nerd, holt mich raus hier!» Aber unbarmherzig werden sie mitgerissen und stolpern hinter den Bewaffneten her, in einer Reihe, an der Kette. Verzweifelt würden sie sich gerne wegwünschen aus dieser ausweglosen Situation. In diesen Kriegswirren interessiert sich niemand, woher sie kommen, und wenn sie sich als Reisende aus der Zukunft outeten, würde sie das erst recht verdächtig machen und vermutlich sogar den Kopf kosten. Hexerei! Margarethe seufzt: «Wenn doch nur Plonk da wäre und wir das Schwert noch hätten! Dieses liegt irgendwo im Kampfgetümmel von Glanzenberg, wir finden es nie, selbst wenn wir fliehen können.»

Die Truppe hält an, und der Anführer erteilt Befehle. Sie sind am grössten Turm angelangt, und einer der Männer macht sich am Türschloss zu schaffen. Die Türe wird aufgesperrt. «Ist da wohl das Verlies?», flüstert Margarethe, und Rudy nickt mit finsterer Miene. Seraina bricht in Tränen aus: «Ich will nicht gefesselt sein! Ich will nicht eingesperrt werden! Ich drehe durch!» – «Raina, nimm dich zusammen, sonst murksen sie dich ab!», warnt Rudy sie besorgt, der selber auch sehr unglücklich aus der Wäsche schaut. «Ich will da auch nicht rein!» Margarethe, die eine solche Gefangennahme nicht zum ersten Mal erlebt, ist verzweifelt. So kurz vor dem Ziel mussten sie noch in Kriegsgefangenschaft geraten, und dann in einer Zeit, in der die Leute keine Absicht hatten, zimperlich zu sein. Die drei Jugendlichen werden unsanft durch die Türe bugsiert und die Treppe hinuntergestossen. Unter grossem Geschrei und Wehklagen straucheln sie und stürzen hinunter und landen unsanft am Fuss der Treppe, die zum Glück nicht lang ist. Sie haben es geschafft, nicht kopfüber zu fallen, aber die Ketten reissen an ihren Armen und schneiden in die Handgelenke ein, und der Aufprall ist schmerzhaft – trotz oder gerade wegen der Rüstungen, die sie immer noch tragen. Oben fällt krachend die Tür ins Schloss. Die drei Freunde liegen auf einem Haufen, die Mädchen wimmern. Margarethe ist besorgt darüber, dass Rudy nichts von sich hören lässt. «Alles okay, Raina, Rudy?», erkundigt sie sich. – «Wie man's nimmt; ich habe mich schon besser gefühlt», ächzt dieser. «Als hätten sie mich durch den Fleischwolf gedreht. Und ihr beide liegt übrigens auf mir drauf! Finde ich nicht sehr romantisch!» – «Von wegen romantisch!», schnieft Seraina. «Im Kerker!» – «In den Abenteuergeschichten und Actionfilmen bahnen sich stets in Gefangenschaft Liebesbeziehungen an», bemerkt Margarethe und spürt, wie ihr Galgenhumor zurückkehrt. Sie versucht, sich aufzurichten, wird aber von den Ketten wieder rücklings hinuntergezogen. Rudy stöhnt auf unter der Last der beiden Mädchen. «Ich werde grad von zwei Frauen erdrückt, finde das aber alles andere als erotisch!», keucht er beim Versuch, sich freizustrampeln, was sich als unmögliches Unterfangen erweist, da sich die drei richtiggehend in der langen Kette verstrickt haben. – «Tut mir leid, mein Lieber!», reagiert Seraina mitleidig, die sich fast nicht rühren kann. – «Das kann ich nicht verstehen», fährt Rudy, nach Luft ringend, fort. «Wenn einem alles weh tut und man überdies fast verhungert, finde ich das echt nicht zum Verlieben!» – «Die haben ja keine Ahnung in Hollywood!», beschwert sich Seraina. «Die müsste man auch mal in Ketten legen, da sehen sie, dass das alles andere als unterhaltsam ist!» – «Für dich nicht, aber für das Publikum, das den Nervenkitzel liebt!», analysiert Rudy. «Ich muss gestehen, dass ich bis jetzt auch gerne solche spannenden Szenen geschaut habe, aber selber in einer drin stecken – nein danke! Mir reichts ein für allemal!» – «Ich habe schon lange die Nase voll von Gefangenschaft!», murrt Margarethe. «Warum muss das eigentlich immer mir passieren?» – «Und wir hängen mit drin!», gibt Seraina zu bedenken und lässt ihren Kopf hängen, wobei sie mit Rudys Kopf zusammenstösst, welcher aufschreit. – «Das tut mir wirklich leid, dass ich euch da mit reingezogen habe!» – «Mitgegangen, mitgehangen! Das ist so unter Freunden!» – «Bloss nützt es nicht viel. Besser wäre es, wenn wir uns gegenseitig retten könnten, nicht zusammen in der Patsche sitzen!» Seraina seufzt: «Sitzen ginge ja noch, aber wir liegen da auf einem Haufen rum und können uns nicht vom Fleck bewegen! Mir tut alles weh!»

Rudy wird nachdenklich: «Ein Wunder, haben sie uns nicht gleich die Köpfe abgeschlagen», – «Sie brauchen halt nicht nochmals drei Stadtheilige», stellt Margarethe fest mit sarkastischem Unterton. «Obwohl unser Martyrium auch nicht weniger schlimm ist!» – «Was sollen wir jetzt nur tun?», schluchzt Seraina und scheint untröstlich. – «Raina, denk dir einfach, das sei ein böser Traum», ermutigt Rudy sie. – «Im Traum käme dann der Märchenprinz, der mich rettet», schnieft sie, und ihr Humor schlägt langsam wieder durch. «Aber wer rettet mich jetzt?» – «Tja, ich kann leider nicht dienen; mir sind buchstäblich die Hände gebunden!», entgegnet Rudy mit echtem Bedauern. «Ich würde dich jederzeit retten!» – «Du mein Held!», neckt sie ihn liebevoll. – «Und ich weiss, dass du das Gleiche für mich tun würdest», spricht er, und es klingt ehrlich.

Margarethe wird warm ums Herz, als sie ihre besten Freunde so sprechen hört. «Wenn ich uns nur hier rausholen könnte!», seufzt sie. – «Mäggy ist unsre wahre Heldin!», entgegnet Seraina. «Sie hat schon so viele Heldentaten vollbracht und dabei selten an sich gedacht!» – «Stimmt», pflichtet ihr Rudy bei. «Schon damals, in unserer alten Katastrophenklasse. Das liegt dir irgendwie im Blut!» – «Du bist grossartig, Mäggy!», lobt Seraina ihre

Freundin. Diese fühlt sich enorm geschmeichelt, aber es ist ihr auch etwas unangenehm – mal ganz abgesehen von der prekären Lage, in der sie sich befinden. Ihre Schultern schmerzen, ihr Rücken tut weh, ihr Kopf hämmert. Die Situation ist unerträglich. Das Einzige, was Margarethe etwas Mut macht, ist die Erfahrung, dass sie sich in der Vergangenheit stets aus einer ausweglos erscheinenden Situation hatte herauswinden können – aus eigener Kraft oder mit Plonks Hilfe. «Wenn ich nur Plonk herbeirufen könnte!», sinniert sie. – «Ja, das wäre grossartig; er ist ja Spezialist darin, dich aus finsteren Verliesen zu befreien!», reagiert Rudy. «Ich kann es immer noch nicht so recht glauben, das ist doch alles gar nicht wahr, das passiert doch gar nicht, oder?» – «Meinst du, es ist nur ein wirrer Traum?», fragt Seraina mit hoffnungsvollem Blick. – «Jedenfalls nicht meine Art von Lieblingstraum», entgegnet er. «Ich steh nicht so auf Sadomaso. Und bin trotzdem grün und blau.» – «Diesmal bin ich aber unschuldig!», verteidigt sich Seraina. «Wenn wir uns nur von den Ketten befreien könnten! Die tun so weh! Ich kriege langsam echt Panik, dass die uns hier verrotten lassen!» – «Ich hab Hunger, und was zu trinken könnte auch nicht schaden», pflichtet ihr Rudy bei. «Von mir aus darf es auch wieder so was Vergorenes sein, das benebelt die Sinne.» Margarethe würde auch am Liebsten in einen benebelten Zustand abdriften, um ihre missliche Situation zu vergessen. «Wohlige Ohnmacht, umfange mich! Und dann erwachen, und alles ist wieder gut. Das wünsche ich mir!» Krächzende Laute dringen an ihre Ohren, aus der Ferne, aber sie kommen immer näher. Hoffnung keimt auf wie die ersten Krokusse, wenn die Wintersonne frühlingshafte Wärme bringt.

# 15
# Die Befreiung

«Plonk kommt hier nie rein!», schluchzt Margarethe. – «Da könntet Ihr Recht haben, kleine Dirn!», wispert eine Stimme im Dunkeln. Margarethe erschrickt, als sie etwas an ihren Knöcheln spürt, als würde eine Maus oder sowas herumspringen. In diesem Moment erhellt sich der Raum wie von Zauberhand, und auf einem Holzklotz hockt eine kleine, weisse Maus, die eine winzige Goldkrone trägt. Sie stellt sich putzig auf die Hinterbeine, verbeugt sich und räuspert sich: «Gestatten, Helleborus! Ich muss schon sagen, ich habe lange gebraucht, um mich in ein Tier verwandeln zu können. Nun ja, als König der Mäuse werde ich nun meine Artgenossen herbeirufen, die euch langsam und qualvoll in Stücke nagen werden!» Die Zaubermaus spricht mit schauerlicher Stimme und fügt hinzu: «Das ist die Strafe für Euren Frevel, das Schwert von Glanzenberg gestohlen und meine Pläne zunichte gemacht zu haben! Burg und Stadt sind nicht mehr zu retten. Zürich hat so gut wie gewonnen, in wenigen Minuten wird hier kein Stein auf dem andern stehen! Aber Ihr, die Ihr Schuld habet an unserem Untergang, Ihr werdet bezahlen! Und kein Rabe kann Euch hier retten!» – Den drei Teenagern gefriert beinahe das Blut in den Adern, als sie sehen, wie auf Kommando der Zaubermaus Tausende von grauen Mäusen aus dem Gemäuer ins Verlies hineinströmen und sich wie eine imperiale Armee hinter Helleborus scharen, bereit, loszuschlagen.

«Das ist das Ende», flüstert Rudy zitternd, Margarethe und Seraina bleiben stumm wie Fische, den Mund weit aufgerissen, aber unfähig, auch nur zu jammern.

Nach einer gefühlten Ewigkeit piepst die Helleborus-Maus zum Angriff. Gleichzeitig kracht das Nebengebäude des Turmes, in dem die Gefangenen ihren Foltertod erwarten, in sich zusammen. Dies reisst einen Spalt im Gemäuer des Turmes auf. Mauerteile fallen hinein. Der Mäusekönig lässt einen spitzen Schrei hören, als im selben Augenblick ein schwarzer Schatten von hinten über ihn niedergeht. Scharfe Krallen packen und umschliessen ihn. Helleborus sitzt nun in einem Krallengefängnis. Ein gezielter Schnabelhieb setzt ihm sogleich ein gnädiges Ende, die kleine Goldkrone fällt herunter. Mit leisem Klimpern hüpft sie den Gefangenen vor die Füsse und bleibt liegen. Im selben Augenblick zerstiebt die Mäusearmee unter lautem Fiepen und Piepsen in alle Himmelsrichtungen und verkriecht sich wieder in den Spalten und Mauerritzen. Auf dem Holzklotz thront Plonk mit einer toten Maus in der einen Kralle, hinter ihm ein riesen Loch im Gemäuer. Schnell lässt er die tote Maus los, und Helleborus löst sich auf wie Nebel im Wald, wenn die wärmende Sonne ihn vertreibt.

Die Jugendlichen sind dermassen überwältigt vom rettenden Augenblick, dass sie keinen Laut hervorbringen können. Margarethe fängt an, stumm zu weinen, Rudy atmet schwer und Seraina wirkt, als wäre sie ausgestopft. Sofort begibt sich Plonk hinter die Gefangenen und beäugt mit seitlich gestelltem Kopf die Handschellen. Er fliegt wieder auf und verlässt das Verlies, um sogleich wiederzukommen mit einem Stück Holz. Damit stochert er im Schloss von Margarethes Handschellen. Und tatsächlich, nach einem metallischen Klicken öffnet sich das eine Schloss. Nun wechselt Plonk zu Seraina. Einhändig gelingt es Margarethe, sich vollständig zu befreien. Endlich kann sie, die zuoberst auf dem Menschenhaufen liegt, sich aufrichten und ihren Freunden helfen. Seraina seufzt erleichtert, als auch sie sich wieder bewegen kann. Sie kriecht zu Rudy, welcher halb bewusstlos ist, und versucht ihrerseits, seine Fesseln zu lösen. Sie benutzt dazu einen Metallnagel, der am Boden liegt, und Margarethe staunt, wie geschickt ihre Freundin ist. «Rudy scheint ohnmächtig zu sein! Müssen wir ihn wohl beatmen?», äussert sich Seraina besorgt und beugt sich über den Freund. – «Küss ihn doch wach!», ermutigt Margarethe ihre Freundin neckend, doch diese errötet, und Rudy schlägt seine Augen auf mit hochrotem Kopf.

Schliesslich haben sich die Teenager befreit, doch das nächste Ungemach wartet auf sie: Die Zürcher haben die Stadt Glanzenberg in Brand gesetzt und sind abgezogen. Lichterloh brennt die Stadt nun. Weil alle niedergemetzelt worden sind, ist es buchstäblich totenstill, nur das Knistern des Feuers und das Knacken des brennenden Holzes sind zu hören. «Schnell raus!», schreit Rudy, der als Erster seine Stimme wieder hat. Seraina stützt Margarethe, der plötzlich schwarz vor Augen wird, weil sie von den Strapazen geschwächt ist. Plonk fliegt voran, um auszukundschaften, wohin sie fliehen können. Glücklicherweise hat der Einsturz etliche grosse Mauersteine gelockert und ins Verlies krachen lassen. Diese Brocken liegen nun wie eine behelfsmässige Treppe übereinander und begünstigen eine rasche Flucht. Die Teenager klettern wie Steinböcke auf allen Vieren aus dem Verlies. Oben am Mauerspalt angelangt, zwängen sie sich ins Freie und rennen sofort Richtung Limmat – bei Feuer suche man das Wasser!

Plonk hockt schon am andern Ufer und erwartet die watenden Menschenfreunde, die keuchend und röchelnd durch die Limmat schlurfen. «Tamminomal! Das ist saumühsam mit dieser Rüstung! Und da sind sauglatte Welse am Grund. Dass mir bloss niemand auf denen ausrutscht und ins Wasser fällt, da ertrinken wir glatt!», stöhnt Rudy. – «Limmat, nicht die Glatt, du Panzerwels!», kontert Seraina, «Aber ja, dieser blöde Panzer ist echt schwer!» Kaum ausgesprochen, beginnt sie, Teile ihrer Rüstung abzulegen – zumindest Helm, Arm- und Rumpfbedenkungen streift sie ab, so gut es geht, und wirft sie in den Fluss. An die Beinteile wagt sie sich nicht heran, aus Angst, umzufallen und zu ertrinken. Margarethe ist viel zu sehr mit dem unebenen Flussbett beschäftigt, als dass sie noch dazu Turnübungen wagen würde, um sich aus der Rüstung zu schälen. Rudy indes folgt Serainas Beispiel und zeigt sich bald ebenfalls panzertechnisch „oben ohne". «O là là! Machst du einen Striptease?», neckt ihn Seraina. Rudy grummelt unverständliche Worte in seinen nicht vorhandenen Bart, dann meint er, ohne auf Serainas neckischen Spruch einzugehen: «Falls wir es an Land schaffen, werden wir gottsjämmerlich erfrieren, meine Jeans sind bis zum Gürtel klitschnass, da hilft es auch nicht, dass wir unsere Pullis noch anhaben! Zudem hängen unsere Rucksäcke mit den trockenen Jacken an den Pferdesätteln. Und wo die Tiere jetzt sind, weiss der Geier!»

Die drei Freunde setzen einen Fuss vor den andern – nicht ganz einfach im matschigen Flussbett voller glitschiger Welse, und das erst noch mit dem harten Eisen der Rüstung um die Füsse geschnallt. Margarethe ist stumm wie ein Fisch – den Fokus voll auf die Überquerung der Limmat gerichtet. Da rutscht Rudy kurz aus, kann sich aber auffangen. Er steht einen Moment lang kerzengerade im Wasser und ist ganz blass im Gesicht. «Flieg bloss nicht rein, bin zu müde um dich rauszuholen!», warnt Seraina ihn. Sie ist schon fast am rettenden Ufer, als sie ihrerseits ausrutscht und der Länge nach in der Uferböschung landet. Sie krallt sich an Grasbüscheln und Gestrüpp fest und zieht sich mit letzter Kraft an Land.

Schliesslich erreicht auch Rudy das Ufer, schnappt sich mit der einen Hand einen tief hängenden, stabilen Ast einer Weide und reicht die andere Hand Margarethe, die dankbar zugreift. Rudy zieht sie zu sich ans Ufer. Nach einer kurzen Verschnaufpause helfen sie einander die Uferböschung hoch. Seraina zieht von oben, Rudy stösst von unten, bis Margarethe oben ist. Gut, ist das Ufer nicht allzu hoch, aber leider ist es kein schöner Sandstrand, bei dem man einfach vom Wasser direkt auf den Strand gelangt. Nun kraxelt auch Rudy mit Serainas Unterstützung die nasse Böschung hinauf. «Gut hast du dich halb ausgezogen,

Rudy. Mäggy war ja schwer wie ein Nilpferd mit der vollen Rüstung!», beschwert sich Seraina. – «Wenn ich schon ans andere Ufer muss, dann nicht in voller Montur!», grunzt Rudy. – «So so, du bist vom andern Ufer! Dann müssen Mäggy und ich also nicht ausjassen, wer von uns mit dir am Gymi-Fäscht tanzen darf», flachst Seraina, die kräftemässig am wenigsten Federn gelassen hat. Rudy verzieht den Mundwinkel, aber zum Kontern reicht die Kraft nicht mehr.

Margarethe liegt röchelnd auf der Seite. Seraina streift sich die Beinpanzerung ab, um so rasch wie möglich ihrer Freundin aus der Rüstung zu helfen. Dabei reisst sie sich ihre Jeans auf – ein rund zehn Zentimeter langer Schlitz ziert ihr rechtes Hosenbein. «Jetzt sind meine neuen Jeans vollends im Eimer, gopfridstutz!», stöhnt Seraina. – «Wenigstens blutest du nicht, das hätte ins Auge… äh ins Bein gehen können!», meldet sich Rudy zurück und scheint kräftemässig zumindest wieder Konversationsniveau erreicht zu haben. Margarethe indes bewegt sich nicht einmal. Nachdem Rudy auch seine Beinteile abgestreift hat, hilft er Seraina, Margarethe zu befreien. Als auch sie aus der Rüstung ist, zieht Seraina ihre Freundin zu einem bequemeren Platz. – «Danke», röchelt Margarethe.

Plötzlich hören sie Rudy ausrufen wie ein Wald voller Affen: «So ein gigantomanischer Sauriermist, mein Smartiefon hat einen Wasserschaden!» Wie aus der Pistole geschossen prusten Seraina und Margarethe los. Gross ist die Erleichterung über die geglückte Rettung, und deshalb wird auch Rudy rasch von der Heiterkeit angesteckt – Wasserschaden hin oder her. Die nun gelöste Stimmung hilft Margarethe, die Strapazen hinter sich zu lassen und wieder auf die Beine zu kommen. Jetzt lassen sie es sich auch nicht nehmen, ihren Retter in die Arme zu nehmen. Denn schliesslich hat Plonk sie im Verlies vor Helleborus Rache beschützt. Plonk ist das Geknutsche sichtlich unangenehm, denn er ist sich nur die Nähe von Margarethe gewohnt. «Hoch soll er leben! Der Bezwinger von Glanzenberg – Plonk!», brüllt Rudy übermütig, und der Rabe zuckt zusammen. – «Zu Tode genagt, zu Tode gebraten, zu Tode verängstigt… ohne dich Plonk, wären wir jetzt tausend Tode gestorben!», resümiert Margarethe und umarmt ihren Raben. Dieser gurrt jetzt genüsslich und zufrieden.

«Hey Leute, wir sind zwar nicht mehr im Verlies, wir sind sogar am Leben und erst noch frei – nicht zernagt und nicht verbrutzelt. Wir sind unversehrt, na ja, abgesehen von den blauen Flecken von Ketten, Rüstungen und Treppensturz, doch wir sind, hol's der Geier, immer noch in diesem verflixten 13. Jahrhundert!», fasst Seraina ziemlich treffsicher ihre Lage zusammen. Rudy und Margarethe stimmen ihr zu.

Auf der andern Limmatseite brennen Burg und Stadt Glanzenberg wie der Böögg am Sächsilüüte, dem Zürcher Frühlingsbrauch. «Es wird ein mieser Sommer, Glanzenberg hört nicht auf zu brennen», stellt Rudy sarkastisch fest mit einem Seitenhieb auf die Zürcher Tradition, bei der die Zeit bis zum Feuertod des Bööggs umgekehrt proportional zum Sommerwetter sein soll – je kürzer die Brenndauer, desto heisser der Sommer!

«Es ist ja jetzt schon ein mieser Sommer! Es ist schweinekalt! Ich will zurück in den Klimawandel!», ruft Seraina jammernd aus, und Margarethe fügt seufzend hinzu: «Und ich habe mich zuhause immer über die Sommerhitze beschwert und mich genervt, dass die Menschen den Klimawandel unbeirrt weiter anheizen! Unglaublich, hier ist Hochsommer und wir frieren uns einen ab!» – «Na ja, das optimale Klima ist Geschmackssache! Also mir sind 30 Grad im Schatten sehr willkommen!», findet Seraina, und Rudy ergänzt: «Wir hätten in den Jahrzehnten vor 1250 hierher kommen sollen, da gab es von Natur aus eine Warmzeit – keine Ahnung, wie lange die gedauert hat; ich weiss nur noch, dass es die gab. Aber von der Mitte des 13. Jahrhunderts bis zur Industrialisierung war das Klima eher moderat bis unterkühlt…» – «Bis Industrie, Ölheizungen, Motoren und

Rindviecher Klimagase hinten rausgelassen und dem ein Ende bereitet haben!», ergänzt die Tochter des Naturschutz-Präsidenten treffend. – «A propos Furz-Idee, hat jemand einen guten Riecher für eine sichere Möglichkeit, wie wir den Sprung Richtung Klimawandel-Jahrhundert schaffen? Ich will nämlich hier weg!», grummelt Rudy. – «Stimmt, was lungern wir hier noch rum! Auftrag erfüllt, wir sollten doch längst wieder im Zug sitzen!», gibt Seraina ihm Recht. Die drei Teenager schauen sich ratlos an. Es verstreichen quälende Minuten, alle drei zermartern sich erfolglos das Gehirn.

«Suchen wir das Schwert», schlägt Margarethe plötzlich vor, und ihre beiden Freunde nicken, doch dann wendet sie ein: «Das haben sicher die Zürcher zerstört oder mitgenommen…» – «Was können wir sonst machen, nur der Rabe mit Schwert bringt uns zurück!», klagt Seraina, und Rudy stöhnt: «Ich geh nicht mehr nach Zürich, es muss einen andern Weg geben. Wenn es schief läuft landen wir wegen Schwertraub auf dem Galgenplatz. Darauf hab ich null Bock!» – «Ich ja auch nicht, aber was schlägt Mister Superschlau vor?» – «Keine Ahnung», keucht Rudy, «zudem hab ich auch keine Lust, noch einmal in diesem mäandrierenden Labyrinth rumzugurken.» – «Määä… was?», fragt Seraina verdutzt. Diesmal erklärt es Margarethe: «Früher… also jetzt im Mittelalter, waren die Flüsse nicht begradigt. Sie konnten frei im Tal mäandrieren, also Schlaufen bilden. Wenn ein Fluss so stark mäandrierte, dass es bei einer Schlaufe zu einem „Kurzschluss“ kam, ging das eigentliche Flussbett plötzlich doch wieder geradeaus. Die ursprüngliche Schlaufe koppelte sich mit den Jahren vom Fluss ab und wurde zum Altarm – mein Papa meint, das seien sehr artenreiche Gebiete, die heute… ähm später – also in unserer Zeit – kaum mehr vorhanden sind, denn es gibt auf der ganzen Welt nur wenige grosse Flüsse, die noch frei mäandrieren dürfen. Der Po etwa mäandriert in manchen Bereichen.» – «Po?», fragt Rudy verwirrt und denkt, er habe sich verhört. – Margarethe grinst: «Sorry, ich kann auch nix dafür, dass der norditalienische Fluss so heisst…» Rudy fasst es zusammen: «Also wir sind am A…, weil wir an einer Po-ähnlichen Limmat hocken und keinen blassen Schimmer haben, wie wir uns aus der Zeitfalle verdünnisieren können. Stimmt's?» Beide Mädchen nicken. – «Und weil wir grad so schön bei Zusammenfassungen sind: Hey Leute, es wird immer dunkler und kälter, die Nacht bricht herein; wir sind durchnässt, hocken in freier Wildbahn und haben nix zu essen. Morgen sind wir so gut wie tot, wenn uns nicht schleunigst was ziemlich Gescheites einfällt!», bringt es Seraina auf den Punkt. Margarethe scheint inzwischen fast eingeschlafen zu sein. Rudy setzt sich hin, stützt seinen Kopf in beide Hände und seufzt: «Mein Schädel ist schwer wie Blei. Schlafen, ich will nur noch schlafen…»

<Schnurpfelfagorifulindorkamistischnarzfarz!>

«Hey Leute!», Margarethe ist plötzlich hellwach: «Das Gefluche kenne ich! Da latscht doch der wandelnde Baumstumpf herum. Seht, da hinten! Rabe und Schwert waren drin und haben ihn verzaubert. Vielleicht brauchen wir nur einen Restzauber. Unsere Mission ist ja erfüllt, wir müssen nur eine Pforte finden, um hier rauszukommen, uns buchstäblich an den eigenen Haaren aus dem Sumpf ziehen.» – Seraina und Rudy blicken einander stumm an und schauen dann zu Margarethe. Beide jauchzen: «Hey Mäggy, eine krasse klasse Idee!»

Die drei Freunde stehen auf und stapfen durch den Sumpf Richtung Baumstumpf. Plonk hat sich auf Margarethes rechter Schulter niedergelassen.

<Schnurpfelfagorifulindorkamistischnarzfarz!>

Nun sind die Teenager ganz nah und bemerken, dass der Baumstumpf im Sumpf steckengeblieben ist. Er flucht nur noch leise vor sich hin, kann seine Wurzeln aber nicht mehr aus dem Morast ziehen. Margarethe wagt einen Blick hinein. Ein wunderliches Leuchten kommt aus dem Innern des Stamms. Jetzt sind

Seraina und Rudy dicht an Margarethes Seite und blicken ebenfalls durch den Spalt hinein. «Das ist eine Pforte. Wir müssen da rein», raunt Seraina. Die drei nehmen sich an den Händen. Seraina schlüpft als Erste hinein, zieht Margarethe nach, die Plonk auf den Schultern trägt. Margarethe ihrerseits zieht Rudy nach. Dann sind alle drin. Einen Moment lang geschieht nichts, doch plötzlich wird es den drei schwindlig.

<Schnurpfelfagorifu…>

Ein Rattern, leichtes Schütteln – aus den Lautsprechern tönt es: «Liebe Fahrgäste, wir treffen demnächst… in Zürich ein!»

# Epilog

«Gopfertelli, gopfertammi, ich verpasse in Zürich meinen Anschluss!», flucht ein Mann im Nebenabteil. «Wohin müssen Sie den?», fragt die mitfühlende Frau vis-à-vis des aufgebrachten Herrn. Dieser grummelt verärgert: «Mit der verfluchten S-Bahn nach Glanzenberg…»

Margarethe und Seraina schauen sich erschrocken an, doch alles um sie herum scheint wieder normal: der Zug, die Aussicht aus dem Fenster, die Lautsprecheransage. «Glanzenberg ist nur eine Haltestelle», beruhigt Rudy die beiden, «nur eine Haltestelle, für alle Ewigkeit nur noch eine Erinnerung im Streckennetz der SBB…» – «Und wir haben dazu beigetragen», fügt Seraina stolz hinzu, und mit einem Blick auf ihre Hose meint sie: «Alles ist wieder so wie vorher, meine neuen Jeans haben keinen Riss und keine Flecken!» Genau in dem Moment wird Rudy ganz bleich. Die Mädchen blicken ihn ängstlich und fragend an. Schnell kramt er sein Smartiefon hervor. Erfreut stellt er fest, dass es keinen Wasserschaden mehr hat. Zudem ist der Akku wieder halb voll. Dann checkt er das Fotoalbum. «Tammi! Weg, sie sind weg!» – «Was denn, Rudy?» – «Meine Fotos vom alten Zürich!» Margarethe und Seraina tauschen fragende Blicke, brechen dann aber in schallendes Gelächter aus. Rudy bleibt für ein paar Minuten eingeschnappt, vertieft sich in sein Smartiefon und guugelt herum. Plötzlich schaut er auf und sagt: «Hey Leute, hier steht: *1292 haben die Zürcherinnen den Österreichern unter Herzog Albrecht vorgegaukelt, die Stadt sei voll von Soldaten.* – Die haben fast dreissig Jahre später unsere Idee geklaut!» – «Was heisst geklaut!», erwidert Seraina und schaut auf Rudys Display. «Lies mal genau: Die Anführerin der geharnischten Frauen hiess Hedwig ab Burghalden! Das ist unsre Hedy! Sie ist in die Fussstapfen ihrer Mutter getreten!» Die drei Freunde jubeln derart, dass sich die Leute nach ihnen umdrehen. «Gimme-Five!» Sie klatschen sich ab. Als sie sich wieder beruhigt haben und Rudy weiterguugelt, flüstert Seraina Margarethe ins Ohr: «Hast du gemerkt, wie unser stolzer Ritter Rudolf schnell wieder ins digitale Zeitalter zurückgefunden hat?» Margarethe und Seraina kichern.

Während der Zug kurz vor Zürich wegen anderer Züge verlangsamen muss, erkennt Margarethe aus dem Fenster, wie Plonk vorbeifliegt. Sie winkt ihm energisch zu. <Kra, kra!> hört sie ihn rufen, aber nur leise, weil es draussen laut ist.

«Ha!», entfährt es Rudy triumphierend, und wieder blicken sich die Leute im Nebenabteil genervt nach ihm um. Auch Seraina und Margarethe zucken zusammen. Unbeirrt meint er: «Übrigens… Helleborus hiess doch der Hexenmeister, oder?» Die Mädchen nicken. «Habt ihr gewusst: So heisst eine Pflanze, die Nieswurz.» In diesem Moment meldet sich Serainas Heuschnupfen zurück: «Hatschi!» Alle drei prusten los.

* * *

# Dank

Ein grosser Dank gebührt Patrick Moser, eidgenössisch diplomierter archäologischer Grabungstechniker, für seine wertvollen Hinweise auf Fachliteratur und archäologisches Hintergrundwissen. Einen Dank ebenso für die Unterstützung an Frau Alice Robinson, stellvertretende Leiterin der Graphischen Sammlung der Zentralbibliothek Zürich. Auch im Baugeschichtlichen Archiv Zürich haben wir sehr wertvolle Hinweise bekommen. Mit solch wertvoller Hilfe von Fachleuten ist es ein grosses Vergnügen, für einen historischen Fantasy-Roman über Zürich zu recherchieren!

Michèle Büttner verdanken wir die Idee, das Thema Glanzenberg für Teil 3 von Rabenherz auszuschlachten! Das haben wir wahrlich getan!

Unseren treuen Fans und Test-Lesenden Christine Frank, Jimmi «Rabenherz», Petra Vogt und Lisa Thyssen unseren herzlichsten Dank – dafür, das ihr es uns nicht übel genommen habt, dass wir euch so lange auf die Folter gespannt haben, bevor wir eine erste Version herausgerückt haben, und dafür, dass ihr mit der Durchsicht des Manuskripts dazu beigetragen habt, den dritten – und sicher nicht letzten – Teil von Rabenherz noch um ein paar Böcke ärmer zu machen.

# *Literaturnachweis*

## *mehrere Verfasser/Herausgeber:*


- Alt-Zürcher Bilderbuch, Text von Olga Amberger, Zürich 1911

- Siedlungsbefunde und Fundkomplexe der Zeit zwischen 800 und 1350, Hg. Archäologie Schweiz AS, Schweizerische Arbeitsgemeinschaft für die Archäologie des Mittelalters und der Neuzeit SAM, Schweizerischer Burgenverein SBV: Basel 2011

- Stadtluft, Hirsebrei und Bettelmönch; Die Stadt um 1300, Hg. Stadtarchäologie in Baden-Württemberg und in der Nordostschweiz, eine gemeinsame Ausstellung des Landes Baden-Württemberg und der Stadt Zürich, Zürich 1992/Stuttgart 1993

- Zürich 1218, Auftakt zur Selbständigkeit, Schrift zur Ausstellung im Haus Rech Zürich 2018, Hg. Stadt Zürich, Hochbaudepartement, Amt für Städtebau, Zürich 2018


## *alphabetisch nach Verfassern:*


- Baumann, Walter: Zürichs Kirchen, Klöster und Kapellen bis zur Reformation, Zürich 1994

- Bosshard-Kälin, Susann: Im Fahr; Klosterfrauen erzählen aus ihrem Leben, Baden 2018

- Drack, Walter: Glanzenberg - Burg und Stadt, Bericht über die Freilegungs- und Sicherungsarbeiten von 1975 und 1980/81, Selbstverlag Gemeinderat Unterengstringen 1983

- Germann, Thomas: Zürich im Zeitraffer, von der Römerzeit bis zum Schanzenbau von 1642, Zürich 1997

- Köchli, Yvonne-Denise: Miis Züri, Neun Streifzüge durch Zürich für Frauen, Zürich 2016

- Oberholzer, Walter: Heimatkunde der Stadt Zürich, Geschichtliches Lesebuch für die Mittelstufe, Zürich 1978

- Vogelsanger, Peter: Zürich und sein Fraumünster, Eine elfhundertjährige Geschichte 853-1956, Zürich 1994

- Walser, Oscar: Die Strassennamen der Stadt Zürich im Mittelalter, eine verfassungstopographische Studie, Zürich 1959

# Über die Autorinnen

## Michèle Combaz Thyssen

Die Historikerin wurde am 28. September 1972 in Zürich geboren. Historische Romane sind ihr Steckenpferd – sowohl als Leserin wie auch als Autorin. Im Freifach Russisch am Gymnasium Freudenberg lernte sie Carole Enz kennen, mit der sie «Rabenherz» verfasste: Teil 1 im Jahr 2000 und Teil 2 im Jahr 2010 im Zuge eines Blogs für die Coopzeitung. Michèle Combaz Thyssen verfolgte auch eigene Buch-Projekte wie etwa die Scarabäus-Trilogie. Zudem hat sie mit ihren beiden Töchtern, Lisa und Désirée, Bilderbücher kreiert. Die Autorin arbeitete etliche Jahre als Journalistin und Fachlehrerin für Deutsch und Geschichte. Heute ist sie Fachlehrerin für Deutsch.

## Carole Enz

Die Biologin wurde am 3. August 1972 in Zürich geboren und interessierte sich schon früh für die Natur und fürs Schreiben. Als Vierzehnjährige brachte sie die Abenteuer des Rehbocks «Fao» zu Papier. Dieser Roman erschien allerdings erst 1997 und ist heute bei Sistabooks erhältlich. Mehrere Manuskripte folgten auf den ersten Streich, und meist spielt die Natur eine wichtige Rolle in ihren Büchern. Die Autorin arbeitete etliche Jahre als Biologin und erhielt dafür einen Doktortitel. Dann wechselte sie in den Wissenschaftsjournalismus. Heute ist sie in der Wissenschaftskommunikation tätig.

## *Weitere Bücher der Rabenherz-Autorinnen*

Carole Enz, Michèle Combaz Thyssen
**Rabenherz** – Teil 1 – ISBN 978-3-907860-00-7
**Rabenherz auf Schloss Neu-Bechburg** – Teil 2
– ISBN 978-3-907860-14-4

Michèle Combaz Thyssen
**Der Schlüssel des Scarabäus** – Fantasy – ISBN 978-3-907860-01-4
**Die Rache des Scarabäus** – Fantasy – ISBN 978-3-907860-06-9
**Die Tochter des Scarabäus** – Fantasy – ISBN 978-3-907860-15-1
**Die kleine Schildkröte, die gern fliegen wollte** – Bilderbuch
– ISBN 978-3-907860-16-8

Lisa Thyssen, Michèle Combaz Thyssen
**Kleiner Specht auf grosser Reise** – Bilderbuch
– ISBN 978-3-907860-18-2

Lisa Thyssen, Désirée Thyssen, Michèle Combaz Thyssen
**Das Abenteuer der Baum-Seele** – Bilderbuch
– ISBN 978-3-907860-20-5

Carole Enz
**Fao oder Der Aufschrei der Wildnis** – Aus dem Leben eines
Rehbocks – ISBN 978-3-907860-07-6
**Waldkauz Hannu** –
Tier-Fabeln – ISBN 978-3-907860-12-0
**Psi oder Die letzte Hoffnung für Jado 2** – Science Fiction –
ISBN 978-3-907860-03-8
**Psi und das Geheimnis der Jado-Schattenblattpalme** –
Science Fiction – ISBN 978-3-907860-04-5
**Psi und die Abgründe des Jenseits** – Science Fiction –
ISBN 978-3-907860-05-2
**Sieben Leben, sechs Entscheide und ein Piraten-Kapitän**
– Fantasy – ISBN 978-3-907860-13-7

Carole Enz, Jeannette Lagler
**Rehkitz Rafael hat Angst vor dem Gewitter** – Bilderbuch
– ISBN: 978-3-907860-17-5

## *Ebenfalls bei Sistabooks erschienen*

Viktoria Abdai
**Alle Wege führen in die Schweiz** – Odyssee einer Exil-Ungarin
– ISBN 978-3-907860-02-1

Steffi Gmür
**«Ich bin d'Steffi»** – «Ich bin krank, und trotzdem ist mein Leben lebenswert!» – ISBN 978-3-907860-11-3

Harry Schneider
**Bosco Quarino** – Die Walser in Bosco Gurin
– ISBN 978-3-907860-08-3
**Picchio Rosso** – Schweizer Agententhriller im Zweiten Weltkrieg – Teil 1: ISBN 978-3-907860-09-0 / Teil 2: ISBN 978-3-907860-10-6

Thomi Eichhorn
**Fördern** – Wie Fördern gelingen kann (Fachbuch für Lehrkräfte)
– ISBN 978-3-907860-21-2

## *eBooks von Sistabooks*

Etliche Sistabooks-Bücher sind auch in digitaler Form erhältlich, allerdings nicht über den Verlag, sondern in diversen Online-Shops.

*www.sistabooks.ch*